BUR

Biblioteca Universale Rizzoli

Federico García Lorca

POESIE

A cura di Norbert Von Prellwitz

Testo spagnolo a fronte

POESIA

Proprietà letteraria riservata
© 1994, 1995 R.C.S. Libri & Grandi Opere S.p.A., Milano
© 1998 RCS Libri S.p.A., Milano

ISBN 978-88-17-17042-0

Prima edizione marzo 1995
Ottava edizione luglio 2008

INTRODUZIONE

I

Libro di poesie è la prima raccolta di poesie preparata per le stampe da Lorca. Si tratta di un'opera disorganica, sebbene sia il risultato di una scelta dei testi scritti fino al 1920. Essa presenta un ampio ventaglio di prove espressive, che rivelano la grande versatilità del giovane poeta e il suo gusto per la sperimentazione, nonché la sua capacità di assimilare riferimenti culturali di ogni genere che appaiono qui ancora in gran parte esibiti, specie se confrontati alla sapiente assimilazione raggiunta dal poeta maturo.

I componimenti, tutti datati, del *Libro,* costituiscono una sorta di diario intimo, lungo l'arco di un triennio, delle inquietudini filosofiche e metafisiche del poeta esordiente, il quale si considerava un adolescente appassionato, silenzioso, romantico, dal cuore incerto e oscillante tra gli attimi di esaltazione e i languori di una più frequente malinconia.

L'argomentazione, a tratti troppo prolissa ed enfatica, esprime il rifiuto della scienza positiva e quella predilezione per i valori fondamentali dell'uomo che continuerà a caratterizzare anche successivamente l'opera di Lorca. Ciò ne spiega l'interesse per il mito inteso come strumento per comunicare la sua visione del mondo e i conflitti interiori. D'altra parte è significativa l'esclusione, da questa e dalle raccolte successive, di numerosi testi nei quali la dolente confessione privata non ha raggiunto il grado di sublimazione delle poesie pubblicate.

Nelle poesie escluse è spesso evidente l'atteggiamento di rivolta radicale, a tratti sfumato di satanismo e di faustismo, contro un Dio-Padre tirannico, inflessibile, eternamente muto e sordo nel suo cielo noioso, carnefice del proprio figlio, responsabile del male, dell'ingiustizia e del dolore del mondo. Nella indignata concezione eterodossa e anticlericale del giovane Lorca, che leggeva allora testi di mistici spagnoli e di filosofia orientale, questo Dio è l'antagonista di Cristo, Dio del cuore, dell'amore e della misericordia, crocefisso dai potenti e dalle istituzioni ufficiali della Chiesa. Quanto all'amore umano, al di là di una certa sensualità esultante, si intuisce l'angoscia erotica del poeta di fronte al miraggio di un ideale irraggiungibile e all'ossessione del peccato sessuale che fa coincidere tristezza della carne e tristezza dell'anima. Il poeta moltiplica nei suoi componimenti dell'epoca gli esempi di amori impossibili, frustrati o tragici, da don Chisciotte a Pierrot. Il caprone, la cui sete di sesso non si placa mai, scelto come creatura dionisiaca e satanica in contrapposizione alla legge di un Geova opprimente, è il protagonista della poesia conclusiva del *Libro*.

L'amore per la donna si presenta con le immagini di uno scopo cercato ma nello stesso tempo rifuggito; più sedotto che seduttore, il protagonista di questi rapporti appare confuso di fronte alla fonte torbida dell'amore, ed esprime l'anelito di un'impossibile sintesi tra il sangue della rosa e la purezza del giglio. Come il desiderio amoroso, altre speranze sono destinate a restare deluse. Là nel futuro, costruito dall'insetto del tempo, o nel cuore stesso del poeta, è in agguato la morte. La predestinazione alla sventura, che fa parte del mito romantico del poeta, è fin dalle prime poesie una componente ossessiva del mito personale di Lorca.

La felicità, impossibile nel divenire, appartiene all'illusione del cuore e al passato, al mondo dell'infanzia. Questo paradiso perduto è oggetto di nostalgia ma nello stesso tempo viene conservato, nel ricordo e nelle profondità dell'anima del poeta: esso è l'altrove in cui il suo spirito desideroso di libertà volta le spalle alla vita sociale con le sue costrizioni e le sue antinomie e la mette in questione. Dalla natura il poeta, che se ne considera l'interprete medianico, parte alla ricerca dell'ignoto e dell'assoluto.

La condizione di innocenza è il presupposto per accostarsi al mistero delle cose e scoprirvi le corrispondenze essenziali. Il primato del vedere privilegia l'occhio infantile: con il dono della meraviglia e la curiosità sempre desta, lo sguardo vede una realtà magica; sa esprimere l'immagine essenziale, possiede l'impeccabile ingenuità creativa già esaltata da Baudelaire. Lorca affermava che il bambino ancora vivo in lui – «l'anima antica di bambino, / matura di leggende» («Ballata della piazzetta») – gli dettava il meglio della sua opera. La dimestichezza infantile con la divina quiete della Natura fa sì che la memoria dell'infanzia, rivissuta in una notazione trasognata, appaia connessa a una natura antropomorfica, colma di magie e di oscuri turbamenti. Il paesaggio rurale è un rifugio appartato e una compagnia che compensa, nel romantico colloquio con l'universo vivente, il sentimento di solitudine nella prosaica convivenza cittadina, regolata da norme costrittive e intolleranti. Il poeta, pronto a tramutarsi in pioppo in uno slancio panteistico, esplora sotto la scorza della Natura i suoi segreti e i suoi linguaggi, trovandovi la saggezza assente nel mondo umano e una vera trascendenza.

La Natura gli presta, attraverso le sue componenti cosmiche, vegetali, animali e minerali, le immagini che rappresentano i suoi sentimenti; spesso in modo ancora convenzionale: i nessi tra piano reale e piano metaforico sono messi in evidenza. Nei libri successivi saranno sottaciuti; o verranno arricchiti da nuove corrispondenze e combinazioni, acquistando quella luce fosforica, quella pregnanza di misteriosi sensi e suoni che, in una lettera all'amico José de Ciria, Lorca assegna alla parola poetica.

II

Nel *Libro di poesie* vari componimenti, in particolare le «ballate», seguono la traccia di canzoni popolari, di favole, di canzoncine infantili. Nella «Ballata della piazzetta» viene dichiarato, come un fermo proposito del poeta quello di attingere alle acque della canzone «antica», tradizionale; ciò comporta necessariamente la scelta dell'essenzialità, propugnata anche dalle teorie dell'avanguardia, e quella ricerca quasi ascetica della concisione che moltiplica la portata del segno poetico.

Il ventitreenne Lorca ha già composto le prime suites, nelle quali ha sviluppato il rigore della costruzione, quando scrive la prima redazione di buona parte del *Poema del cante jondo*, che completerà nel corso di dieci anni. L'esperienza compiuta sui frammenti lirici delle suites viene impiegata per creare brevi scene, con qualche elemento descrittivo e una pletora di metafore. Non mancano tratti pittoreschi, in particolare nei passi meno drammatici, ma prevale l'intenzione di evitare il colore locale per privilegiare il colore spirituale e misterioso delle epoche antiche, trasfigurando attraverso la stilizzazione gli scenari e i personaggi. La grande capacità d'invenzione metaforica, ormai pienamente padroneggiata da Lorca, conferisce un alone magico all'Andalusia, lo sfondo che viene scandagliato in profondità.

L'intenso metaforismo riflette l'intento di Lorca di aggiornare la propria poetica, assumendo quel compito, che egli considera essenziale nella poesia moderna, di potare l'albero rigoglioso lasciato in retaggio dai romantici, con la rinuncia all'eloquenza e l'esigente eliminazione del superfluo.

Nel *cante jondo* il poeta ravvisa una modalità dell'espressione pura ed esatta; concisione sommata a profondità sono per lui i mezzi poetici per esprimere il mistero. Sebbene non accetti – contro le tendenze astrattiste e futuriste – di depurare la poesia dalle proprie emozioni, non le esprime più in modo esplicito come in molta parte del *Libro di poesie*. Le emozioni vengono intessute in immagini fortemente sensoriali e dotate di risonanze recondite: nel *Poema* esse confluiscono, secondo un progetto caro al romanticismo, nella parvenza di una poesia corale. Qui l'intimità dell'io lirico si colloca in secondo piano, assorbita dall'espressione di un sentimento collettivo, quello del popolo andaluso, così come esso si manifesta nel suo canto più peculiare, il *cante jondo*, che Lorca, come Manuel de Falla, considera erede diretto – e unico sopravvissuto in Europa – del canto primitivo

dei popoli orientali. Il filo che unisce la misteriosa anima andalusa con l'Oriente impenetrabile è, secondo Lorca, all'origine di
queste canzoni emozionanti e profonde.

La poesia «bambina», come la definisce Lorca, con la sua
capacità eidetica di percepire le astrazioni in immagini, evoca un
mondo primigenio. Nei paesaggi percorsi da segni fatidici è in
agguato la sventura personale: la vita è minacciata di continuo
dalla violenza di una morte che colpisce all'improvviso, e rea-
gisce con un atteggiamento di tensione, espresso da tremori,
vibrazioni e ondulazioni, e con la sofferenza senza soluzione. I
temi ricorrenti nel libro – la certezza della morte, l'amore ingan-
nevole, spezzato o impossibile, il tempo che divora le illusioni,
la pena – sono una componente essenziale dell'intera opera di
Lorca.

In «Piccola ballata dei tre fiumi» due città, Siviglia e Granada, rappresentano due poli dello spirito andaluso: la vitalità e
l'angoscia, l'amore e la morte. Nel libro la ballata funziona da
prologo ed è seguita da quattro sezioni, che presentano quattro
forme personificate del *cante jondo*.

Nella prima sezione, dedicata alla *siguiriya*, il lamento della
chitarra che segue un ritmo senza meta esprime uno dei temi
fondamentali del libro: il non finito. Ogni percorso è ostacolato,
dal crocevia, dal labirinto (esplicitamente definito come labirinto delle croci). Il destino dell'uomo è smarrirsi nel labirinto
senza uscita. L'inversione dei valori nel ritornello «Terra di
luce, / cielo di terra» segna la perdita dell'ordine cosmico primitivo, e il trionfo delle tenebre sulla luce. Il vano tentativo di
tornare alle origini, all'infanzia, comporta la fine della speranza
e la morte dell'anima, farfalla annerita; nel lutto cosmico svaniscono gli olivi del «Paesaggio» iniziale, e «Resta solo / il deserto» («E dopo»), il vuoto, anti-paesaggio definitivo dove si
esauriscono i labirinti e i fremiti del ritmo.

Nel «Grafico della petenera», quarta sezione, su uno sfondo
di olivi verdi e strade rosse, cento cavalieri innamorati sono
destinati a non vedere la loro meta; per loro suonano le campane a morto. La *petenera* è l'amore lussurioso, la perdizione

degli uomini, che li porta al labirinto delle croci. Personaggio onnipresente è «la morte, incoronata / di fiori d'arancio appassiti», che suona una chitarra bianca e canta la canzone ossessiva del *cante jondo*. Resta alla fine la polvere, sollevata dal vento.

<h2 style="text-align:center">III</h2>

Tra pioppi musicali e fiumi lirici, libero dalle ansie cittadine, Lorca si dedica, con un accanimento che definisce febbrile, a una intensa ricerca sulle immagini, attraverso le successive sfaccettature di uno stesso tema in serie poetiche che chiama *Suites*.

L'architettura suggerita dalla denominazione musicale genera sistemi di relazioni e parallelismi tra le diverse canzoni concatenate in una serie sulla base di variazioni tematiche: *Libro delle variazioni* è il titolo con il quale l'autore si riferisce nel 1934 a quest'opera inedita. La natura ancora provvisoria di parecchi tra questi componimenti ci consente uno sguardo indiscreto nel laboratorio del poeta, impegnato in una ricerca depuratrice sulle forme e sulla capacità espressiva della parola, talvolta quasi autonoma nella brevità del verso; si sente l'influsso dell'estetica delle avanguardie conosciute nella capitale.

L'esperienza della brevità consente a Lorca di omettere i raccordi esplicativi ancora presenti nel *Libro di poesie*, fino ad arrivare alla giustapposizione delle immagini, nella consapevolezza che non conta l'immagine in sé ma la suggestione che provoca.

Le analogie degli oggetti naturali con le emozioni dell'io lirico diventano indeterminate; vengono talvolta proposte da rapporti formali, e restano comunque affidate all'interpretazione del lettore complice, al quale tocca immaginare che cosa accade negli spazi bianchi tra le strofe e dopo l'ultimo verso. Lo sfruttamento degli spazi di silenzio del testo e l'arte dell'ellissi raggiungono nelle canzoni una raffinatezza degna dei migliori *haikai* giapponesi, ai quali il poeta allude nella strofe finale di «Shinto»:

In lontananza.
Aironi color rosa
e un vulcano appassito.

Nello stesso tempo questa lotta con la parola costituisce una ricerca interiore, poiché la modalità della variazione in piccole sezioni e la serie dei successivi confronti sono un modo di approfondire la riflessione e la conoscenza. Questo aspetto risulta evidente quando si passa dalla contemplazione della bellezza al raccoglimento connesso all'indagine metafisica sui misteri del tempo e della morte. La perpetua metamorfosi delle cose, vista come principio della mutazione e del rinnovamento nella «Suite degli specchi», è parte di un processo inarrestabile nella suite «La selva degli orologi», dominata dall'ossessione del tempo divoratore, che apre la via ai quesiti sull'aldilà. Questo addentrarsi nella foresta degli orologi, genera visioni di fauci e di squame, e, di fronte al presagio dell'ora fredda definitiva, «L'ora sfinge» che conclude «La selva degli orologi» suscita il sogno del tempo reversibile, nel desiderio di invertire il rapido flusso del tempo, di tornare alla sicurezza dell'infanzia e al conforto della presenza materna, di essere sorgente perpetua, non fiume che sfocia nel mare.

IV

Con il libro *Canzoni* Lorca affronta il problema di pubblicare un insieme omogeneo e organizzato – come i libri che comporrà in seguito – facendovi confluire anche singole canzoni estratte dall'insieme delle *Suites* e un gruppo di poesie, le «Andaluse», che probabilmente facevano parte del *Poema del cante jondo*, con la loro tematica di amori impossibili destinati alla frustrazione e di presagi luttuosi.

Le canzoni lorchiane, che attingono ai modelli della poesia orale tradizionale e della poesia colta tardomedioevale, mostrano una relativa semplicità nella scelta lessicale, nella nitidezza delle frasi – spicca l'uso ridotto dei verbi –, nella brevità dei versi raccordati da una sapiente elaborazione ritmica, spesso appoggiata dai ritornelli, dall'impiego frequente del parallelismo e della contrapposizione. Ne risulta una disarmante apparenza di spontaneità, anche nelle invenzioni metaforiche più ardite, che tuttavia è prodotta – i manoscritti lo dimostrano – da un intenso lavoro di revisione.

In confronto alle *Suites*, *Canzoni* è un'opera in cui il poeta ostenta aspetti ludici e spensierati, in particolare nelle poesie dalla tonalità fiabesca o infantile, dove egli offre al lettore quel sorriso travolgente che mostrava spesso in pubblico. Eppure la seria e amara indagine solitaria delle *Suites* e l'angoscia del *Poema del cante jondo* sono temporalmente vicinissime.

In *Canzoni* i drammi si possono celare in una serie di reticenze che rinviano a sensi reconditi. Ma più frequente è la presenza di inquietanti dissonanze, oppure il graduale insinuarsi di sfumature cupe in una poesia dall'attacco brioso, attraverso lo sfruttamento di uno schema ricorrente, che insinua nell'apparente immediatezza di significati delle strofe iniziali risonanze progressivamente addensate nelle strofe successive, come avviene nelle poesie di «Transmondo» dedicate a uno dei motivi ricorrenti dell'immaginario lorchiano, la perdita dell'innocenza, storie drammatiche di perdita del proprio essere: il bambino muto che cerca la sua voce, il bambino folle scisso dalla propria ombra, il bambino che assiste alla propria morte.

Le prime poesie esplicitamente erotiche scritte da Lorca sono quelle che integrano la sezione «Eros con bastone»: titolo che indica l'uso consapevole dell'interpretazione freudiana in molti passi lorchiani. Queste canzoni, in contrappunto con l'eccezionale delicatezza di «Serenata», mettono in scena, talvolta con ironia, più spesso con acredine, una sessualità grossolana. L'io lirico entra nel ruolo di un amatore rozzo e primitivo, caricatura degli stereotipi della virilità. Il rapporto con la sessualità femminile comporta anche nudità ostentate trionfalmente, ma tutt'altro che voluttuose, coinvolte in una dominante tonalità grottesca.

Non sorprende che il titolo «Sposalizio» venga smentito dal paradossale ritornello «Gettate quest'anello / nell'acqua», già preannunciato da «il simbolo dell'anello. / Non lo voglio», in «Scena», poesia della sezione «Transmondo», caratterizzata dalle speranze deluse e dalle occasioni smarrite.

V

L'Andalusia leggendaria del *Poema del cante jondo* viene riproposta nel *Romancero gitano*. Nelle intenzioni di Lorca, il suo gitano non ha nulla di folclorico, ma corrisponde a un'astrazione: per il poeta, sempre alla ricerca di miti, il gitano è il depositario dell'essenza e della tradizione andalusa. Il mito gli consente di gettare un ponte tra la vita reale dei gitani e la sua cosmologia fantastica; nel *Romancero gitano* Lorca – il quale, come egli diceva del grande poeta barocco Luis de Góngora, andaluso come lui, «trasforma in mito ciò che tocca» – trasfigura la realtà aneddotica della vita gitana in episodi di una leggenda fantastica che si svolge su sfondi millenari dominati da forze incontrollabili, con una partecipazione affettiva della natura inconsueta nel *romance* tradizionale. Lorca rinnova questa forma di poesia narrativa, una delle più classiche della storia letteraria spagnola, innescandovi la sua tecnica del tutto moderna, che frammenta in un gioco di contrappunti l'apparente continuità del testo, creando intermittenze nel racconto delle vicende e vuoti ellittici che, accentuando la tonalità lirica del *romance*, hanno un ruolo fondamentale nella creazione dell'ambiente drammatico e degli effetti di suggestione – o di «mistero poetico» secondo le sue parole – cercati da Lorca.

Allontanandosi dalla dolorosa introspezione delle *Suites*, Lorca aveva inteso scrivere un'opera serena e calma, misteriosa e chiara, popolare e del tutto andalusa: così definiva il suo progetto in una lettera del 1923 all'amico Melchor Fernández Almagro. Tre anni più tardi, annunciando a Jorge Guillén il completamento di questo libro, dichiarerà anche il suo distacco completo dal tema. Un tema, e nient'altro, come terrà a sottolineare poi in pubblico, schermendosi dalla nomea di "poeta gitano" e opponendosi al "mito di gitaneria", nel senso più banale e pittoresco, addossatogli in seguito al successo travolgente dell'opera.

Nel *Romancero gitano* l'Andalusia visibile è scarsamente presente, mentre vi batte il cuore dell'altra Andalusia millenaria e universale, dalle reminiscenze romane, moresche, giudaiche.

Il libro inizia con due miti inventati da Lorca, e da lui incorporati al contesto gitano, anche se basati su credenze popolari. La fiaba funerea della luna che esegue una ieratica danza di morte per ammaliare un bambino gitano nel «Romance della luna, luna», seguita, in «Preciosa e il vento», dalla storia del vento-omone che, come un nuovo Pan, insegue con la sua brutale minaccia di violenza sessuale una giovane gitana. In entrambi i casi, un essere umano vulnerabile si trova a confrontarsi con il potere di una forza cosmica personificata.

«Rissa» ci presenta un combattimento che sembra nato sotto l'influsso di forze oscure, come gli angeli neri che assistono con le loro ali taglienti al versamento di sangue. Nel contempo vediamo il primitivo e naturale abbandonarsi di questi uomini alla violenza, intesa come regola di vita e segno di virilità. Il poeta riflette la veemenza dei gitani nell'animazione della natura, i cui elementi si scontrano assumendo atteggiamenti di attacco e di difesa: il vento morde, ma subisce a sua volta l'abrasione del fico; gli iris duellano con l'aria.

Nel «Romance sonnambulo» l'atmosfera onirica circonda una vicenda di illusioni e di disinganni conclusi nella morte.

La legge dei gitani non coincide con quella della società civile. Il «Romance della Guardia civile» sostituisce alla minaccia delle forze della natura l'aggressione degli uomini disumanizzati, ridotti a rigidi tricorni, a mantelli sinistri macchiati d'inchiostro e di cera; la loro irruzione mortifera nella festosa città dei gitani condanna alla distruzione una vita diversa.

VI

Ci avvince un desiderio di limiti e di forme.
(«Ode a Salvador Dalí»)

Nella rigorosa disciplina stilistica delle *Odi*, che lo stesso Lorca definisce «da accademia», il poeta, che in lettere ad amici confessa di sentirsi assalito da conflitti di sentimenti e da passioni che intende vincere, sembra voler assoggettare (e soprattutto scordare) «la frenetica pioggia delle vene» che si attribuisce nell'ode «Solitudine», omaggio al classicismo rinascimentale di Luís de León.

Il rigoglio inventivo dell'immaginazione di Lorca viene incanalato e strutturato in modo assai composto nell'«Ode al Santissimo Sacramento dell'Altare», la cui severità formale corrisponde al tema della disciplina e della Forma assoluta, rappresentata dall'innocenza originaria di un Cristo in fasce, saldamente presente nel simbolo esatto e delimitato dell'ostensorio, «Sacramento di luce in equilibrio» che si contrappone a uno squilibrato «mondo di ruote e di falli», degradato dal peccato di un'umanità abietta che negli spazi notturni di una metropoli alienante sacrifica gli innocenti e uccide l'usignolo dell'arte. Il sacrificio di Cristo, reso visibile dalla Forma del Sacramento, è la promessa di redenzione dal regno della morte spirituale, dominato dalla mutevole figura del Demonio, con la sua luciferina bellezza triste di corpo incapace d'amore. Il messaggio di amore perenne del Corpo di Cristo rappresenta la speranza di salvezza per la carne impregnata dall'angoscia dell'amore fugace e senza legami, «gesto senza scopo di libertà smarrita».

VII

Poeta a New York, con le sue innumerevoli immagini surreali, spesso apparentemente oniriche, è forse il più realistico tra i libri di poesia di Lorca. Anche se rappresenta non una visione esterna della città, ma il frutto di una riflessione tradotto nell'espressione lirica dal poeta, che ci offre la sua personale interpretazione della metropoli per eccellenza e della sua angosciosa realtà sociale. Egli vede una società votata all'utilitarismo e profondamente inautentica, e vi oppone le immagini della rivolta contro la schiavitù dell'uomo e l'attesa di un mutamento profondo che possa sostituire al mondo distruttivo della macchina e dei mercanti di Wall Street il regno della spiga.

Nell'ordine che ci hanno trasmesso le edizioni pubblicate dopo la morte di Lorca, il poeta confronta innanzitutto la propria esperienza con l'angoscioso presente che ha davanti e dentro di sé. Egli ha visto la natura tradita e mutilata, ha visto esseri che hanno perso la propria identità, ha visto la distruzione anche delle forme minime di vita. Ora non gli è più di conforto la memoria dello sguardo infantile: i ricordi sono soltanto sogni delusi e impolverati. Ciò che gli resta è il vuoto.

Nella condizione dei neri di New York Lorca riconosce il potere corruttore dell'oppressione, ma di loro intravede anche la genuina forza primigenia presente nelle reminiscenze della foresta africana perduta, la capacità fantastica di trasfigurare la realtà mediocre, e soprattutto ne intravede la vitalità, assente negli abiti che si spostano senza corpo e senza testa, veri e propri manichini, nella dura città di spigoli e di metallo. Questa vitalità rende i neri portatori di una promessa di riscatto.

Nella notte di New York nessuno sogna: il Natale e il suo messaggio di amore affondano nella melma e nell'indifferenza cupa degli abitanti di Manhattan. L'amore è accessibile soltanto all'innocenza dei bambini e degli idioti. L'aurora di New York smentisce i valori simbolici tradizionali: imprigionata dalla melma della metropoli, perde ogni connotato di bellezza agli occhi di questa società senza futuro.

L'intervallo rurale di Eden Mills e di Newburgh ripropone all'io poetico il rimpianto di una felicità primitiva e l'amarezza della memoria, accompagnata da presagi funesti; la morte incombe e si impadronisce, nell'acqua stagnante di un pozzo, della bambina che vi è annegata.

Oppresso dall'angoscia della solitudine, dell'assenza di amore, il poeta riflette sulla morte e sul vuoto che essa produce. Altre poesie, non incluse in *Poeta a New York*, ma scritte nello stesso periodo, ampliano lo stesso tema.

Tornato in città, Lorca denuncia con disperata violenza l'egoismo mortale della civiltà del profitto rappresentata dagli uffici di Wall Street, e ne accusa l'insensibilità di fronte alla sofferenza che produce. La morte colpisce tanto il mondo della natura quanto l'ebreo che rappresenta il potere economico; la morte di Cristo per amore somiglia alla morte interiore che l'io poetico patisce, ed egli stesso si offre come vittima sacrificale.

Nell'«Ode a Walt Whitman» il poeta riflette sull'amore umano tra gli individui e in particolare sull'omosessualità, e, nel «Grido verso Roma», denuncia con una violenta invettiva l'oblio della primitiva carità cristiana.

Come fuggendo da New York, il poeta torna a se stesso in un valzer dal ritmo arioso ma dalla tonalità funerea – un contrappunto frequente in Lorca – che illustra la difficoltà dell'amore.

Infine, l'arrivo a Cuba consente al poeta di provare nuovi ritmi e nuove immagini, pur nella persistenza del fondo dolente che accompagna l'intero itinerario americano.

VIII

Lo spunto del *Compianto per Ignazio Sánchez Mejías* è la perdita di un amico: una morte concreta, considerata da Lorca come una iniziazione alla propria morte, ma che nel poema diventa l'occasione per riflettere sull'atteggiamento di ogni uomo quando viene confrontato con il fatto ineludibile della morte; tragedia umana che il *Compianto* include nella tragedia cosmica, poiché «Anche il mare perisce!» e la morte stessa viene assorbita dal nulla.

Lorca osservava che la Spagna è l'unico paese in cui la morte diventa uno spettacolo nazionale; in esso vengono ripetuti i riti di un'arcaica religione alla quale alludono varie immagini del testo. La morte del torero ha invertito i ruoli nella cerimonia collettiva: è avvenuto così che il toro, espressione della forza bruta ed erede del minotauro cretese, abbia trasformato in vittima sacrificale l'uomo – qui un figlio eletto dell'Andalusia – dotato della forza di un fiume di leoni, versandone il sangue per la folla assetata e per le divinità cosmiche antiche.

L'articolazione del testo in quattro parti, distinte dalle diverse configurazioni metriche che seguono un'innovativa organizzazione complessa di contrasti e di corrispondenze, riflette la suddivisione abituale del genere al quale appartiene: esposizione dell'evento, manifestazione del dolore, elogio del defunto, conclusione consolatoria. La prima parte, «L'incornata e la morte», fondata sullo schema della litania ecclesiale, con l'insistente ripetizione della formula «alle cinque della sera», enumera le fasi decisive di un impari scontro mortale, il cui valore trascende quello della persona che qui non viene nominata fino ai primi versi della seconda parte: «Il sangue versato», dove un altro ritornello, «No, non voglio vederlo!» esprime il rifiuto di riconoscere la cessazione della pulsazione vitale in quel fiotto che sgorga incommensurabile dalla ferita aperta, sotto la ferale presenza della luna. Se «le erbe e i muschi / aprono con dita esperte / la corolla del suo teschio», esse non assicurano al defunto una partecipazione ai cicli della natura, poiché la meta ulteriore è la pietra inerte della terza parte, «Corpo presente», la quale non accoglie il sangue, come nessun altro segno di vita. Il corpo, «una nitida forma che ebbe un tempo usignoli» è destinato a dissolversi; così, viene ribadito nell'ultima parte, «Anima assente»: morto per sempre, scomparirà anche il suo ricordo dalla memoria di ogni essere, vivente o inanimato, come avviene per tutti i morti della terra:

Nessuno ti conosce. No. Io però ti canto.

IX

L'ultimo volume preparato da Lorca per le stampe, *Diván del Tamarit*, è un canzoniere intimo, accomunato con gli ultimi sonetti scritti dal poeta dalla ricerca di forme rigorose che gli consentano di controllare una materia traboccante, la quale, così trattenuta, viene insistentemente scrutata. Come i sonetti, le *gacelas* e le *casidas* del *Diván* esprimono una riflessione centrata sulla passione amorosa e sull'angoscia metafisica, temi che nel loro ripetuto congiungimento generano una vicendevole esasperazione.

L'inquietudine di quest'indagine nelle pieghe e nei segreti della propria anima si riflette nella tonalità intimista e talvolta enigmatica di queste poesie, affine a quella delle suites dedicate all'espressione dei propri giardini segreti. L'ermetismo conseguente è in parte elusivo, laddove maschera gli aspetti più segreti dell'anima, ma nella maggior parte dei casi è dovuto a un processo di condensazione dei simboli ricorrenti, che concentrano l'implicazione accumulata in testi anteriori al *Diván* e vengono presentati qui come una sorta di scrittura cifrata personale.

Già città mitica dell'angoscia rassegnata e malinconica in *Poema del cante jondo*, Granada è nel *Diván* soprattutto la città dell'acqua; acqua che attua la sua ambivalenza simbolica tra vita e morte, in un rapporto di commistioni e di conflitti tra i due poli, ma con una decisa tendenza verso il secondo.

Il motivo della morte per acqua raggiunge una frequenza significativa: nella Gacela V «Del bambino morto», nella Casida I «Del ferito dall'acqua». Al contrario, l'io lirico esprime il desiderio di sfuggire a questa morte considerata impura:

Ignorante dell'acqua, vado in cerca
di una morte di luce che mi consumi.
(Gacela X «Della fuga»)

L'anelito di morte è un modo di evadere dal sentimento destinato a non venire mai placato e perciò condannato alla frustrazione: l'amaro amore impossibile visto come un nemico, amore patito come un tormento sempre rinnovato e perciò fonte di disperazione e di paura. Il rapporto amoroso non è visto come comunicazione, ma come inganno o aggressione violenta che conduce all'annientamento reciproco.

La comunione tra i due sessi appare inattuabile, in particolar modo nell'atto della fecondazione che implica una forma di violenza sulla forma sfuggente e priva di passione della donna. Il corpo femminile è un mistero dal fascino irresistibile e nello stesso tempo temibile nella sua nudità: esso contiene nella sua natura tellurica una promessa di fecondità smentita: «la Terra [...] forma pura / chiusa al futuro» (Casida IV «Della donna distesa»), nel *Diván* è soprattutto un luogo di morte, che minaccia con il prolungamento della sofferenza dei defunti la speranza di una quiete definitiva.

Come in libri precedenti, anche qui, di fronte ai presagi di morte e alla onnipresenza del dolore (Casida II «Del pianto»), è forte l'anelito di ritorno alla condizione mitica dell'infanzia, libera dalla costrizione del tempo, che rende vano ogni tentativo di stabilire un vincolo durevole, e anteriore alla differenziazione sessuale. Ma anche l'infanzia è preda dell'infelicità, come dimostra il bambino della Gacela VIII «Della morte oscura», che preferisce tagliarsi il cuore per evitare le future sofferenze dell'amore.

Il modello delle canzoni infantili viene ripreso nel testo conclusivo del *Diván*, la Casida IX «Delle colombe oscure», in cui, di fronte all'io che chiede dove sia la sua sepoltura, e in presenza di una donna nuda, la dualità dei due simboli primari della vita e della morte, il sole e la luna, si risolve in reciprocità, nell'indistinzione, e nel finale azzeramento, «nessuna».

NORBERT VON PRELLWITZ

CRONOLOGIA

1898   Federico García Lorca nasce il 5 giugno a Fuente Vaqueros, vicino a Granada; è figlio di Federico García Rodríguez, facoltoso proprietario terriero, e di Vicenta Lorca Romero, maestra nel paese fino al matrimonio. Lorca dirà di avere ereditato dal padre la passione e dalla madre l'intelligenza.

1898-1908   Nascono due fratelli e due sorelle: Luis, morto prima di compiere i due anni, Francisco, che diventerà diplomatico, Concepción e Isabel. La famiglia si sposta in un paese vicino, Asquerosa (oggi Valderrubio; il poeta eviterà di citarne il nome: *asquerosa* significa «schifosa»). Federico trascorre l'infanzia nei «prati di una pianura su uno sfondo di montagne». Colpito da una forma di paralisi a soli due mesi, resterà leggermente claudicante.

1908-1909   Federico frequenta la scuola secondaria di Almería. A causa di una grave infezione alla gola viene portato dai genitori a Granada, dove resterà, con la famiglia, circa vent'anni.

1909-1915   Frequenta il collegio del Sacro Cuore e il liceo pubblico. Con la zia Isabel e il maestro Antonio Segura, allievo di Verdi, inizia gli studi musicali, che includono il folclore spagnolo. Vi si dedicherà con passione fino ai diciotto anni.

1914   Inizia gli studi universitari: si iscrive con scarso entusiasmo alla facoltà di Lettere, e, per compiacere il padre, anche a quella di Giurisprudenza. Frequenta circoli culturali: al Rinconcillo del caffè Alameda conosce lo storiografo Melchor

Fernández Almagro, il pittore Manuel Ángeles Ortiz, i fratelli Fernández Montesinos, Manuel, medico che diventerà suo cognato, e José, filologo esperto di teatro e di metrica. Risalgono a quest'anno le sue prime composizioni musicali.

1915   Federico conosce all'università Fernando de los Ríos, docente di Diritto politico e poi noto teorico del socialismo umanista, che eserciterà un grande influsso sulle sue idee politiche.

1916   Quattro viaggi di studio portano il giovane Lorca fuori dall'Andalusia alla scoperta di altri luoghi della Spagna, soprattutto del mondo popolare, e gli ispirano le sue prime prose poetiche. Durante un'escursione archeologica attraverso varie località andaluse, incontra a Baeza Antonio Machado, allora insegnante liceale. Negli altri tre viaggi visita Madrid, le regioni castigliane, la Galizia e il León. A Salamanca incontra Unamuno.

1917   Alla morte di Segura, Federico interrompe gli studi musicali; rinuncia a proseguirli a Parigi per l'opposizione della sua famiglia. Incoraggiato dal suo professore Martín Domínguez Berrueta, approfondisce allora la sua vocazione letteraria. In occasione del centenario del poeta romantico José Zorrilla pubblica il suo primo testo in prosa, *Fantasía simbólica*. Scrive poesie, articoli e un saggio critico, *Divagazione. Le regole nella musica*.

1918   Pubblica a spese del padre un libro di prose dall'intenso lirismo, *Impresiones y paisajes*, ispirato in gran parte dai viaggi fatti nel 1916. Soggiorna a Madrid, dove nel circolo culturale dell'«Ateneo» conosce Ángel del Rio, che sarà il suo primo biografo, i critici Amado Alonso e Guillermo de Torre – portavoce delle avanguardie poetiche –, i poeti Gerardo Diego, Pedro Salinas e José de Ciria y Escalante.

1919   In un'antologia appare per la prima volta una poesia di Federico, «Balda de la placeta» («Ballata della piazzetta»). Ammesso alla Residencia de Estudiantes (fondata nel 1910), si trasferisce a Madrid: resterà in quell'ambiente dinamico, aperto alle idee liberali e alle novità della cultura moderna, punto di incontro dei giovani intellettuali, fino al 1928. Qui stringe amicizia con Alberto Jiménez Fraud, direttore della Residencia, e con José Moreno Villa, José Bello, Manuel Altolaguirre, Emilio Prados, Luis Buñuel, Eduardo Marquina, Gregorio Martínez Sierra; in un caffè letterario incontra Valle-Inclán.

1920 Eduardo Marquina, poeta e drammaturgo ormai celebre, lo introduce al mondo del teatro. Martínez Sierra, direttore del prestigioso teatro Eslava, mette in scena il 22 marzo una commedia del giovane poeta, cui suggerisce anche il titolo: *El maleficio de la mariposa* (*Il maleficio della farfalla*). Il fiasco completo riduce l'esordio teatrale a quella serata. Durante l'estate scrive parecchie poesie che faranno parte della sua prima raccolta. Inizia la sua amicizia con Manuel de Falla, che, stabilitosi a Granada, apprezza il talento di Federico; insieme progettano un balletto e un'operetta. Alla fine dell'anno Lorca compone le prime poesie delle *Suites*.

1921 L'editore García Maroto convince Lorca a pubblicare il *Libro de poemas*, dedicato al fratello Francisco; la recensione positiva di Adolfo Salazar favorisce la pubblicazione di altre sue poesie, due serie di suites, sulla rivista «Indice», diretta da Juan Ramón Jiménez.

1922 Conferenza a Granada sul *Cante jondo*. In occasione del festival dedicato al canto primitivo andaluso, promosso da lui assieme a de Falla, Lorca legge poesie di *Poema del cante jondo*, libro iniziato l'anno precedente e che verrà pubblicato solo nel 1931. Inizia su richiesta di de Falla un libretto per opera comica, *Lola la comedianta*, che non porterà a termine.

1923 Alla vigilia dell'Epifania Federico organizza nella casa dei Lorca a Granada, per un centinaio di bambini e due decine di adulti, uno spettacolo di burattini – passione d'infanzia –, che include una sua farsa, con musiche dirette da de Falla. Terminato lo studio di «storie defunte e concetti moribondi», si laurea in Diritto. Scrive vari testi del *Romancero gitano* e compone le ultime suites. Fra vari progetti teatrali, inizia a scrivere *La zapatera prodigiosa* (*La calzolaia meravigliosa*). Salvador Dalí arriva alla Residencia; è l'inizio di una intensa amicizia.

1924   Frequenta i poeti Jorge Guillén, Rafael Alberti e il pittore Gregorio Prieto. Continua a comporre il *Romancero gitano*.

1925   Conclude, con la terza versione, il dramma *Mariana Pineda*. Viene invitato da Dalí a Cadaqués. Scrive cinque dialoghi nei quali traspare l'influsso delle avanguardie europee, in particolare del surrealismo: due di essi verranno inclusi nel *Poema del cante jondo*. Termina la stesura delle *Canciones*.

1926   Tiene a Granada una conferenza su *La imagen poética de don Luis de Góngora*. La «Revista de Occidente» pubblica uno dei testi «cubisti» scritti dal poeta, l'«Ode a Salvador Dalí». Continua a scrivere il *Romancero* e *La zapatera prodigiosa*. Il poeta-editore Emilio Prados visita Lorca a Granada e riparte con tre manoscritti: il *Poema del cante jondo*, le *Suites* e le *Canciones*.

1927   Il libro *Canciones* viene pubblicato a Malaga. La compagnia della grande attrice catalana Margarita Xirgu rappresenta con grande successo il dramma *Mariana Pineda* a Barcellona e a Madrid. Lorca espone ventiquattro dei suoi disegni in una galleria di Barcellona. Partecipa all'Ateneo di Siviglia alle manifestazioni per il terzo centenario della morte di Luis de Góngora, promosse dal torero e mecenate Ignazio Sánchez Mejías, assieme ad alcuni poeti che proprio per questa circostanza verranno ricordati come la «generazione del '27»: Dámaso Alonso, Jorge Guillén, Gerardo Diego, Rafael Alberti, José Bergamín. A Siviglia Lorca incontra anche Luis Cernuda.

1928   Esce il primo numero di «gallo», rivista d'avanguardia destinata nelle intenzioni del poeta a svegliare Granada dal suo torpore artistico. Nel secondo numero Lorca pubblica due dialoghi, *El paseo de Buster Keaton* (*La passeggiata di...*), *La doncella, el marinero y el estudiante* (*La ragazza, il marinaio e lo studente*);

nel terzo numero avrebbe dovuto essere pubblicato *Quimera* (*Chimera*). Alla fine di luglio appare il *Primer romancero gitano* (il primo cioè ad avere i gitani come tema). Il libro conosce un successo tale da indurre Lorca a discostarsi dalla gitaneria, scrivendo testi quasi contrapposti a quelli del *Romancero*: le complesse odi – l'«Oda al Santísimo Sacramento» viene pubblicata in parte sulla «Revista de Occidente» –, prose poetiche e testi teatrali destinati alle riviste dell'avanguardia. Dalí, che accompagna Buñuel a Parigi, scrive a Lorca una lettera di critica al *Romancero*, dai toni molto aspri. In due conferenze pronunciate a Granada, «Imaginación, inspiración y evasión» e «Sketch de la pintura moderna», Lorca esalta le teorie propugnate dai surrealisti. A dicembre tiene a Madrid una conferenza sulle ninne-nanne spagnole.

1929 La «Gaceta Literaria» pubblica la *Degollación de los inocentes* (*Il massacro degli innocenti*), illustrato da Dalí. La censura proibisce la rappresentazione dell'«alleluia erotico» *Amor de don Perlimplín con Belisa en su jardín* (*Amore di don Perlimplino con Belisa nel suo giardino*). Accompagna Fernando de los Ríos a New York. Nella città americana si iscrive alla Columbia University. Incontra Federico de Onís, Ángel del Río e León Felipe, che gli fa leggere Walt Whitman. Compone le prime poesie che faranno parte di *Poeta en Nueva York*. Scrive la sceneggiatura per un film, *Viaje a la luna* (*Viaggio alla luna*), che non verrà realizzato. Dopo l'estate nel Vermont e in una località delle Catskill Mountains, assiste, a New York, al crollo della Borsa di Wall Street.

1930 Incontra Dámaso Alonso, Andrés Segovia, Ignazio Sánchez Mejías. Termina la prima versione del dramma *El público*, che nel 1933 definirà «intollerabile» per la franchezza con la quale viene affrontato il tema della omosessualità. A marzo parte per Cuba, invitato dalla Associazione ispano-cubana di cultura per un ciclo di conferenze. Al suo rientro la Spagna è in una situazione politica effervescente. Dimessosi il dittatore Primo de Rivera, i democratici preparano l'istaurazione della Repubblica. Margarita Xirgu rappresenta *La zapatera prodigiosa*.

1931   Viene proclamata la Seconda Repubblica. Lorca pubblica varie poesie di *Poeta en Nueva York*, il *Poema del cante jondo*, e conclude il dramma sperimentale *Así que pasen cinco años* (*Aspettiamo cinque anni*), che non riuscirà a portare in scena. Scrive poesie che saranno incluse nel *Diván del Tamarit*.

1932   Per un teatro popolare e gratuito, fonda la compagnia teatrale itinerante di studenti, La Barraca, alla quale dedicherà buona parte delle sue energie negli ultimi quattro anni di vita; l'iniziativa è appoggiata dal ministro della Pubblica istruzione Fernando de los Ríos. Lorca tiene conferenze in diverse città, tra le quali la conferenza-recital «Poeta en Nueva York». Pubblica varie delle poesie scritte in America e di *Diván del Tamarit*. A Granada scrive la tragedia *Bodas de sangre* (*Nozze di sangue*).

1933   Dopo la salita al potere di Hitler, Lorca prende parte a varie manifestazioni antifasciste. Prima teatrale a Madrid di *Bodas de sangre* e di *Amor de don Perlimplín con Belisa en su jardín*. I successi teatrali assicurano l'autonomia finanziaria del poeta. Scrive una lettera di incoraggiamento al giovane Miguel Hernández, che ha pubblicato *Perito en lunas*. La fortuna di *Bodas de sangre* a Buenos Aires induce Lorca a partire per il Sudamerica.

1934   A Buenos Aires, dove fa la conoscenza di Pablo Neruda, e a Montevideo vengono rappresentate alcune opere teatrali di Lorca – per la prima volta la farsa per burattini *El retablillo de don Cristóbal* (*Il teatrino di don Cristóbal*) – e del repertorio delle Barraca, e appaiono testi inediti del poeta, che tiene varie conferenze. Proclamato in Argentina «ambasciatore della letteratura spagnola», alla fine di una permanenza trionfale, egli torna in Spagna, dove il potere è passato a una coalizione di destra. A Madrid ritrova Neruda, nominato console del Cile. Lorca continua le tournée con la sua compagnia teatrale. Conclude il *Diván*, edito nel 1940. Incornato da un toro, il 13 agosto muore Ignazio Sánchez Mejías. In segno di protesta contro le repressioni degli scioperi ordinate dal generale Franco, Lorca sospende le rappresentazioni della Barraca. A dicembre Margarita Xirgu porta sulle scene la tragedia *Yerma*, con un notevole successo di pubblico.

1935 A maggio viene pubblicato il *Llanto por Ignacio Sánchez Mejías*. Nel primo semestre Lorca compone poesie in gallego, pubblicate poi con il titolo *Seis poemas galegos*. Lavora ai testi scritti a New York e ne legge vari in più occasioni. Conclude la commedia *Doña Rosita la soltera o el lenguaje de las flores* (*Donna Rosita la zitella o il linguaggio dei fiori*), rappresentata per la prima volta a Barcellona. Inizia il *Dramma senza titolo*. A Valencia scrive una serie di sonetti che hanno per tema l'amore. Partecipa a diverse manifestazioni politiche, anche se terrà a chiarire la sua non appartenenza ad alcun partito, e a distinguere l'impegno personale dalla disciplina letteraria.

1936 Il Fronte Popolare vince le elezioni. Vengono pubblicati l'anomala raccolta *Primeras canciones* e *Bodas de sangre*. Il 19 giugno Lorca conclude il dramma *La casa de Bernarda Alba*. Dopo aver lasciato a José Bergamín i testi di *Poeta en Nueva York*, e a Rafael Martínez Nadal il manoscritto di *El público* (pubblicato quarant'anni dopo la morte dell'autore) e avergli parlato della prossima conclusione di *La destrucción de Sodoma*, la sera del 13 luglio parte da Madrid per Granada. All'alba di quel giorno, dopo l'uccisione di un militare di sinistra, il tenente Castillo, era stato assassinato Calvo Sotelo, capo dell'opposizione di destra. Il 17 i legionari di Franco arrivano dal Marocco in Spagna. Tra il 20 e il 23 i nazionalisti conquistano Granada. Il poeta, denunciato come segretario di Fernando de los Ríos, come agente al servizio di Mosca e come omosessuale da Ramón Ruiz Alonso, esponente della destra cattolica estremista, viene arrestato dallo stesso Ruiz il 16 agosto a casa della famiglia Rosales, dove si era rifugiato confidando nella militanza falangista di due fratelli del poeta Luis, suo ammiratore e amico. Il cognato di Lorca, Manuel Fernández Montesinos, ex sindaco socialista della città, era stato fucilato all'alba. Federico viene fucilato insieme ad altri tre prigionieri prima dell'alba del 19 agosto, vicino a Fuente Grande.

BIBLIOGRAFIA ESSENZIALE

Principali edizioni delle poesie:

Obras completas, a cura di G. de Torre, Losada, Buenos Aires 1938-42 e rist.

Obras completas, a cura di A. del Hoyo, Aguilar, Madrid 1954; - ivi 1986, t. I (ed. ampliata).

Obras, a cura di M. García Posada, Akal, Madrid (1989).

Œuvres complètes, a cura di A. Belamich, t. I, Gallimard, Paris 1981 (ed. ampliata 1986).

Obras, a cura di M. Hernández, Alianza, Madrid 1981-84.

Obras completas, a cura di Miguel García-Posada, Galaxia Gutenberg, Círculo de lectores, Barcelona 1996-1997, 4 voll.

Autógrafos. I facsímiles de ochenta y siete poemas y tres prosas, a cura di R. Martínez Nadal, Dolphin, Oxford 1975.

Antología poética, a cura di M. Hernández, Alce, Madrid 1978.

Antología poética, a cura di A. Anderson, Edición del Cincuentenario, Granada 1986.

Antología comentada, t. I, a cura di E. Martín, Ediciones de la Torre, Madrid 1988.

Canciones, a cura di M. Hernández, Alianza, Madrid 1982.

Canciones y primeras canciones, a cura di P. Menarini, Espasa-Calpe, Madrid 1986.

Diván del Tamarit. Seis poemas galegos. Llanto por Ignacio Sánchez Mejías, a cura di A. Anderson, Espasa-Calpe, Madrid 1988.

Diván del Tamarit. Llanto por Ignacio Sánchez Mejías. Sonetos, a cura di M. Hernández, Alianza, Madrid 1981.

Llanto por Ignacio Sánchez Mejías, a cura di D. Alonso, Diputación Regional de Cantabria, Madrid 1982.

Oda y burla de sesostris y sardanápalo, a cura di M. García-Posada, Sociedad de cultura Valle-Inclán-Esquío, Ferrol 1985.

Poema del cante jondo. Romancero gitano, a cura di A. Josephs e J. Caballero, Cátedra, Madrid 1977.

Poema del cante jondo, a cura di M. Hernández, Alianza, Madrid 1982.

Poema del cante jondo, a cura di Ch. de Paepe, Espasa-Calpe, Madrid 1986.

Poesia inédita de juventud, a cura di Ch. de Paepe, Cátedra, Madrid 1994.

Poesie inedite (1917-1925), a cura di P. Menarini, Garzanti, Milano 1988.

Poeta en Nueva York, a cura di P. Menarini, Espasa-Calpe, Madrid 1986.

Poeta en Nueva York. Tierra y luna, a cura di E. Martín, Ariel, Barcelona 1981, 1983.

Poeta en Nueva York y otras hojas y poemas, a cura di M. Hernández, Tabapress-Fundación García Lorca, Madrid 1990.

Primeras canciones. Seis poemas galegos. Poemas sueltos. Colección de canciones populares antiguas, a cura di M. Hernández, Alianza, Madrid 1981.

Primer romancero gitano (1924-1927). Otros romances del teatro (1924-1935), a cura di M. Hernández, Alianza, 1981 (2ª ed. 1983).

Primer romancero gitano. Llanto por Ignacio Sánchez Mejías, a cura di M. García-Posada, Castalia, Madrid 1988.

Primer romancero gitano, a cura di Ch. de Paepe, Espasa-Calpe, Madrid 1991.

Suites, a cura di A. Belamich, Ariel, Barcelona 1983.

Principali traduzioni italiane delle poesie:

Poesie, a cura di C. Bo, Guanda, Modena 1940.

Antologia lirica, a cura di G.M. Bertini, Aretusa, Asti 1948.

Prime poesie e canti gitani, a cura di O. Macrí, Guanda, Parma 1949; ed. successive *Canti gitani e andalusi* (7ª ed. ampliata 1993).

Poesia spagnola del novecento, a cura di O. Macrí, Guanda, Parma 1952 (3ª ed. ampliata Garzanti, Milano 1974, t. II, pp. 475-551).

Poeta in Nuova York (antologia), in V. Bodini, *I poeti surrealisti spagnoli*, Einaudi, Torino 1963 (nuova ed. a cura di O. Macrí, 1988, 2 voll.).

Poesie sparse, a cura di C. Bo, Guanda, Milano 1976.

Poesie inedite, a cura di C. Rendina, Newton Compton, Roma 1976.

Poeta a Nuova York, a cura di C. Bo, Guanda, Milano 1976.

Lamento per Ignazio Sánchez Mejías, trad. di C. Bo, E. Vittorini, G. Caproni, L. Sciascia, O. Macrí, Guanda, Milano 1978.

Le poesie, a cura di C. Bo, Garzanti, Milano 1979 (ed. tascabile *Tutte le poesie*, 1975; 8ª ed. riv. e aumentata 1989, 2 voll.).

Sonetti dell'amore oscuro, trad. di I. Delogu, F. Falco, V. Lamarque, M. Lunetta, C. Milanese, A. Porta, C. Rendina, N.A. Rossi, E. Sanguineti, R. Spera, G. Toti, in «Carte segrete», I (1985) pp. 5-54.

Sonetti dell'amore oscuro e altre poesie inedite, a cura di M. Socrate, Garzanti, Milano 1985.

Poesie inedite (1917-1925), a cura di P. Menarini, Garzanti, Milano 1988.

Maria Maddalena e altri inediti, a cura di P. Menarini, Guaraldi, Rimini 1991.

Sonetti dell'amore oscuro, a cura di C. Rendina, Newton Compton, Roma 1992.

Divano del Tamarit, a cura di A. Melis, Marsilio, Venezia 1993.

Tutte le poesie, a cura di C. Rendina, Newton Compton, Roma 1993, 2 voll.

Poesie, a cura di N. von Prellwitz, Classici Rizzoli, Milano 1994.

Romancero gitano, a cura di L. Blini, miniBUR, Milano 1994.

Il mio segreto: poesie inedite 1917-1919, a cura di M. García-Posada; edizione italiana di G. Felici, Einaudi, Torino 2002.

Biografie e monografie:

R. Alberti, *García Lorca*, C.E.I., Milano 1966.

M. Auclair, *Enfances et mort de García Lorca*, Seuil, Paris 1968.

A. Belamich, *Lorca*, Gallimard, Paris 1962 (2ª ed. 1963).

G. Caravaggi, *Invito alla lettura di García Lorca*, Mursia, Milano 1980.

A. del Río, *Poeta en Nueva York*, Taurus, Madrid 1958.

–, *Vida y obra de Federico García Lorca*, Heraldo, Zaragoza 1952 (2ª ed. ampliata).

Fr. García Lorca, *Federico y su mundo*, a cura di M. Hernández, Alianza, Madrid 1980 (2a ed. 1981).

M. García-Posada, *García Lorca*, Edaf, Madrid 1979.

I. Gibson, *Federico García Lorca 1. De Fuente Vaqueros a Nueva York (1898-1929); Federico García Lorca 2. De Nueva York a Fuente Grande (1929-1936)*, Grijalbo, Barcelona 1985-87.

–, *Lorca's Granada. A practical guide*, Faber and Faber, London 1992.

–, *García Lorca*, traduzione di Paola Tomasinelli, Einaudi, Torino 2002.

M. Laffranque, *Bases cronológicas para el estudio de Federico García Lorca*, in I.M. Gil (a cura di), *Federico García Lorca*, Taurus, Madrid 1973 e rist., pp. 411-59.

–, *Federico García Lorca*, Seghers, Paris 1966.

C. Marcilly, *Chronologie de Lorca*, in «Europe», 58 (1980), 616-17, pp. 7-19.

A. Melis, *Federico García Lorca*, La Nuova Italia («Il castoro»), Firenze 1976.

P. Menarini, *Introduzione a García Lorca*, Laterza, Roma-Bari 1993.

G. Morelli, *Lorca. La vita, l'opera, i testi esemplari*, Accademia, Milano 1974.

–, *García Lorca in America: la creazione e la maschera*, in Federico García Lorca, *Lettere americane*, a cura di G. Morelli, Marsilio, Venezia 1994, pp. 9-39.

C. Vian, *Federico García Lorca, poeta e drammaturgo*, Goliardica, Milano 1951 (2ª ed. 1956).

Studi d'insieme e strumenti critici:

R.C. Allen, *The symbolic world of Federico García Lorca*, Univ. of New Mexico, Albuquerque 1972.

A. Álvarez de Miranda, *La metáfora y el mito*, Taurus, Madrid 1959.

31

U. Bardi e F. Masini (a cura di), *Federico García Lorca. Materiali*, Pironti, Napoli 1979.

G. Bellini, *Lorca in Italia*, in «Asomante», 17 (1962), I, pp. 102-105.

G.M. Bertini, *La poesia di Federico García Lorca*, Viretto, Torino 1948.

V. Bodini, *I poeti surrealisti spagnoli*, cit., pp. LXV-LXXX.

G. Caravaggi, *Le «nanas» spagnole nella testimonianza di Federico García Lorca*, in «Il confronto letterario», 2 (1985), 3, pp. 5-14.

J. Comincioli, *Federico García Lorca. Textes inédits et documents critiques*, Rencontre, Lausanne 1970.

G. Correa, *La poesía mítica de Federico García Lorca*, Gredos, Madrid 1970.

D. Devoto, *Notas sobre el elemento tradicional en la obra de Federico García Lorca*, in «Filología», 2 (1950), 3, pp. 292-341.

E. De Zuleta, *Cinco poetas españoles*, Gredos, Madrid 1971 (2ª ed. 1981), pp. 303-432.

M. di Pinto, *Federico García Lorca, poeta europeo*, in «Il Baretti», 2 (1961), pp. 37-58.

L. Dolfi (a cura di), *L'«imposible/posible» di Federico García Lorca*, E.S.I., Napoli 1989.

L. Dolfi (a cura di), *Federico García Lorca e il suo tempo*, Bulzoni, Roma 1999.

C. Eich, *Federico García Lorca, poeta de la intensidad*, Gredos, Madrid 1958 (2ª ed. 1970).

C. Feal Deibe, *Eros y Lorca*, Edhasa, Barcelona 1973.

J.M. Flys, *El lenguaje poético de Federico García Lorca*, Gredos, Madrid 1955 (2ª ed. 1970).

A. Garosci, *Gli intellettuali e la guerra civile in Spagna*, Einaudi, Torino 1959.

I.M. Gil (a cura di), *Federico García Lorca*, Taurus, Madrid 1973 e ristampa.

F. Grande, *García Lorca y el flamenco*, Mondadori, Madrid 1992.

J. Guillén, *Federico en persona (Prólogo)*, in *Obras completas*, a cura di A. del Hoyo, cit. (trad. it. *Federico in persona*, Scheiwiller, Milano 1960).

P. Ilie, *The surrealist mode in spanish literature*, Univ. of Michigan Press, Ann Arbor 1968; ed. ampliata *Los surrealistas españoles*, Taurus, Madrid 1972.

M. Laffranque, *Les idées esthétiques de Federico García Lorca*, Centre de recherches hispaniques, Paris 1967.

O. Macrí, *Introduzione*, in *Canti gitani e andalusi*, cit.

E. Martín, *Federico García Lorca, heterodoxo y mártir. Análisis y proyección de la obra juvenil inédita*, Siglo XXI, Madrid 1986.

P. Menarini (a cura di), *Lorca, 1986*, Atesa, Bologna 1988.

G. Morelli (a cura di), *Federico García Lorca. Saggi critici nel cinquantenario della morte*, Schena, Fasano 1988.

Omaggio a Federico García Lorca, «Quaderni Ibero-americani», 17 (1989), nn. 65-66.

C. Panebianco, *Lorca e i gitani*, Bulzoni, Roma 1984.

A.M. Pollin, *A concordance to the plays and poems of Federico García Lorca*, Cornell Univ. Press, Ithaca 1975.

R. Precht, *Un cuore colmo di poesia: lettere 1918-1936*, Archinto, Milano 1996.

C. Ramos Gil, *Claves líricas de García Lorca*, Aguilar, Madrid 1967.

B. Sesé, *Le sang dans l'univers imaginaire de Federico García Lorca*, in «Langues néo-latines», 165 (1963), pp. 1-44.

J.A. Valente, *Lorca y el caballero solo. La necesidad y la musa*, in *Las palabras de la tribu*, Siglo XXI, Madrid 1971, pp. 117-26, 161-69.

C. Zardoya, *La técnica metafórica de Federico García Lorca, Los espejos de García Lorca*, in *Poesía española del siglo XX. Estudios temáticos y estilísticos*, t. III, Gredos, Madrid 1974, pp. 9-74, 75-119.

Studi delle singole opere:

Su *Canciones*
P. Menarini, *Introducción*, in *Canciones y Primeras canciones*, ed. cit., pp. 5-52.

Su *Diván del Tamarit*
G. Caravaggi, *La Casida de las palomas oscuras di Federico García Lorca*, in *Studi di filologia e critica offerti dagli allievi a Lanfranco Caretti*, Salerno, Roma 1983, pp. 791-803.

D. Devoto, *Introducción a* Diván del Tamarit, Hispanoamericanas, Paris 1976.

A. Melis, *L'oscurità angosciosa dell'amore*, in Federico García Lorca, *Divano del Tamarit*, cit., pp. 9-27.

C. Panebianco, *Simbolo e «pathos» nel* Diván del Tamarit *di Federico García Lorca*, Bulzoni, Roma 1981.

M.G. Profeti, *Sistema stilematico e sistema semiologico nel* Diván del Tamarit, Clued, Verona 1975.

–, *Forma del contenuto e forma dell'espressione nel* Diván del Tamarit, in P. Ambrosi – M.G. Profeti, *Federico García Lorca: la frustrazione erotica maschile. Dal teatro alla poesia*, Bulzoni, Roma 1979, pp. 73-168.

Su *Libro de poemas*

M. Massoli, *Federico García Lorca e il suo* Libro de poemas. *Un poeta alla ricerca della propria voce*, Univ. di Firenze - Pisa-Cursi, Pisa 1982.

Su *Llanto por Ignacio Sánchez Mejías*

G. Caravaggi, *Il* Llanto por Ignacio Sánchez Mejías, in «Rivista di letterature moderne e comparate», 15 (1962), pp. 116-45.

Sulle *Odi*

D. Puccini, *La* Ode a Salvador Dalí *nella storia poetica di Lorca*, in *Il segno del presente*, Orso, Alessandria 1992, pp. 89-107.

Su *Poema del cante jondo*

Ch. de Paepe, *Introducción*, in *Poema*, ed. cit., pp. 7-137.

N.C. Miller, *García Lorca's* Poema del cante jondo, Tamesis, London 1978.

M.G. Profeti, *Repertorio simbolico e codice nel* Poema del cante jondo, in «Lingua e stile», 12 (1977), 2, pp. 267-317.

Su *Poeta en Nueva York*

D. Eisenberg, Poeta en Nueva York. *Historia y problemas de un texto de Lorca*, Ariel, Barcelona 1976.

M. García-Posada, *Lorca: interpretación de* Poeta en Nueva York, Akal, Madrid 1981.

C. Marcilly, *Ronde et fable de la solitude à New York*, Hispanoamericanas, Paris 1962.

P. Menarini, Poeta en Nueva York *di Federico García Lorca. Lettura critica*, La Nuova Italia, Firenze 1975.

R. Predmore, *Los poemas neoyorquinos de Federico García Lorca*, Taurus, Madrid 1985.

T. Scarano, *Costanti espressive e messaggio in* Poeta en Nueva York *di Federico García Lorca*, in *Miscellanea di studi ispanici*, Ist. di Lingua e Letteratura Spagnola, Pisa 1971-73, pp. 177-216.

Su *Primeras canciones*

G. Caravaggi, *Note consuntive ad una silloge controversa: le* Primeras canciones *di Federico García Lorca*, in *Omaggio a Federico García Lorca*, cit., pp. 5-19.

Su *Romancero gitano*

L. Beltrán Fernández de los Ríos, *La arquitectura del humo: una reconstrucción del* Romancero gitano *de Federico García Lorca*, Tamesis, London 1986.

M. Cattaneo, *Un ejemplo de la mitografía lorquiana: el romance* «Thamar y Amnón», in *Actas del* VII *Congreso de la Asociación Internacional de Hispanistas*, Istmo, Madrid 1986, pp. 381-90.

A.P. Debicki, *Metonimia, metáfora y mito en el* Romancero gitano, in «Cuadernos Hispanoamericanos», 435-36, pp. 609-18.

Ch. de Paepe, *Introducción*, in *Primer romancero gitano*, cit., pp. 13-114.

H. Ramsden, *Lorca's* Romancero gitano. *Eighteen commentaries*, Manchester Univ. Press, 1988.

L. Terracini, *Acerca de dos romances gitanos*, in «Quaderni Ibero-americani», 22 (1958), pp. 429-43.

Su *Seis poemas galegos*

P.G. Caucci, *I* Seis poemas galegos *di Federico García Lorca*, Volumnia, Perugia 1977.

J. Landeira Yrago, *Viaje al sueño del agua. El misterio de los poemas galegos de García Lorca*, Castro, La Coruña 1986.

Sui *Sonetti*

O. Macrí, *Federico García Lorca: origini e continuità dell'amor oscuro*, in «Sud-Puglia», 14 (1988), 2, pp. 97-115 (rist. in *Appendice* di *Canti gitani e andalusi*, cit.).

–, *Il «canto hermético» di García Lorca*, in I. Pepe Sarno (a cura di), *Dialogo. Studi in onore di L. Terracini*, Bulzoni, Roma 1990, pp. 327-42 (rist. in *Appendice* di *Canti gitani e andalusi*, cit.).

M.G. Profeti, *«Yo sé que mi perfil será tranquilo». Un sonetto 'sciolto' di Federico García Lorca*, in «Quaderni di Lingue e letterature», 1977, 2, pp. 279-87.

–, *Costanti tematiche e stilematiche nei* Sonetos *di Federico García Lorca*, in «Linguistica e letteratura», 5 (1980), I, pp. 101-20.

M. Socrate, *Sonetti dell'amore oscuro*, cit., pp. 249-69.

Sulle *Suites*

C. Marcilly, *Las* Suites *de García Lorca. El jardín de las simientes florecidas*, in «Revista de Occidente», 65 (1986), pp. 33-50.

Per la poetica lorchiana si vedano inoltre le conferenze *Teoria e gioco del «duende»*, trad. di M.G. Profeti, in *Bailar España*, Catalogo del Festival, Reggio Emilia 1988, pp. 56-64; *Teoria e gioco del «duende»*, trad. di L. Blini, in «Euros», 3, (1993), I, pp. 88-96; *L'immagine poetica in Don Luis de Góngora. Le ninne-nanne. Teoria e gioco del demone*, in Federico García Lorca, *Impressioni e paesaggi*, a cura di C. Bo, Passigli, Firenze 1993, pp. 97-174.

POESIE

NOTA AL TESTO

Questa antologia è una selezione, rappresentativa ma minima, delle quasi due-mila pagine di poesie lorchiane pubblicate nei «Classici Rizzoli».

Dei libri *Poema del cante jondo*, *Suites* e *Canzoni* abbiamo preferito pre-sentare alcune sezioni intere per mostrare il metodo compositivo ivi usato da Lorca; per analoghe ragioni viene proposto per intero il *Compianto per la mor-te di Ignazio Sánchez Mejías*.

Nella traduzione si è cercato un compromesso tra l'aderenza al registro lin-guistico scelto dal poeta, mantenendo il più possibile costante la versione de-gli elementi lessicali più frequenti, e la vicinanza alle forme ritmiche di ogni testo, compresa la punteggiatura originale che in molti casi ha una funzione più ritmica che logica.

LIBRO DI POESIE

LIBRO DE POEMAS
1921[1]

TRADUZIONE E NOTE
DI RENATO BRUNO

[1] Pubblicato a Madrid il 15 giugno 1921, con l'aiuto economico del padre di García Lorca, dal poeta, critico, pittore ed editore Gabriel García Maroto, il quale aveva quasi costretto il giovane Federico, che si era avvalso della collaborazione del fratello Francisco, a fare una scelta definitiva fra i testi composti tra l'aprile del 1918 e il dicembre del 1920, e che lo stesso García Maroto si era preso la briga di correggere e di trascrivere.

Il testo originale qui adottato è quello di F. García Lorca, *Libro de poemas* (*1921*), a cura di Ian Gibson, Ariel, Barcelona 1982.

CANCIÓN PRIMAVERAL

28 de marzo de 1919, Granada

I

Salen los niños alegres
de la escuela,
poniendo en el aire tibio
del Abril canciones tiernas.
5 ¡Qué alegría tiene el hondo
silencio de la calleja!
Un silencio hecho pedazos
por risas de plata nueva.

II

Voy camino de la tarde
10 entre flores de la huerta
dejando sobre el camino
el agua de mi tristeza.
En el monte solitario
un cementerio de aldea
15 parece un campo sembrado
con granos de calaveras.
Y han florecido cipreses
como gigantes cabezas
que con órbitas vacías

CANZONE PRIMAVERILE

28 marzo 1919, Granada

I

Escono i bambini allegri
dalla scuola,
mettendo nell'aria tiepida
d'aprile canzoni tenere.
5 Che allegria nel profondo
silenzio della stradetta!
Un silenzio fatto a pezzi
da risa d'argento fresco.

II

Cammino lungo la sera
10 tra i fiori della campagna,
lasciando sopra la strada
l'acqua della mia tristezza.
Sulla cima solitaria
un cimitero di paese
15 sembra un campo seminato
con tanti chicchi di teschi.
Sono fioriti i cipressi
come teste gigantesche
che con orbite svuotate

20 y verdosas cabelleras
   pensativos y dolientes
   el horizonte contemplan.
   ¡Abril divino, que vienes
   cargado de sol y esencias,
25 llena con nidos de oro
   las floridas calaveras!

LA SOMBRA DE MI ALMA
Diciembre de 1919, Madrid

La sombra de mi alma
huye por un ocaso de alfabetos,
niebla de libros
y palabras.

5 ¡La sombra de mi alma!

He llegado a la línea donde cesa
la nostalgia,
y la gota de llanto se transforma
alabastro de espíritu.

10 (¡La sombra de mi alma!)

El copo del dolor
se acaba,
pero queda la razón y la substancia
de mi viejo mediodía de labios,
15 de mi viejo mediodía
de miradas.

Un turbio laberinto
de estrellas ahumadas

42

o e verdognoli capelli
contemplano l'orizzonte
meditabondi e dolenti.
Divino aprile, che vieni
colmo di sole e di essenze,
5 riempi con nidi d'oro
tutti quei teschi in fiore!

L'OMBRA DELLA MIA ANIMA
Dicembre 1919, Madrid

L'ombra della mia anima
è in fuga in un tramonto d'alfabeti,
nebbia di libri
e di parole.

5 L'ombra della mia anima!

Sono giunto alla linea dove cessa
la nostalgia,
e la goccia di pianto si trasforma
alabastro di spirito.

o (L'ombra della mia anima!)

La conocchia del dolore
sta finendo,
ma resta la ragione e la sostanza
del mio vecchio mezzogiorno di labbra,
5 del mio vecchio mezzogiorno
di sguardi.

Un fosco labirinto
di stelle affumicate

enreda mi ilusión
20 casi marchita.

¡La sombra de mi alma!

Y una alucinación
me ordeña las miradas.
Veo la palabra amor
25 desmoronada.

¡Ruiseñor mío!
¡Ruiseñor!
¿Aún cantas?

CANTOS NUEVOS
Agosto de 1920, Vega de Zujaira

Dice la tarde: «¡Tengo sed de sombra!».
Dice la luna: «Yo, sed de luceros».
La fuente cristalina pide labios
y suspiros el viento.

5 Yo tengo sed de aromas y de risas.
Sed de cantares nuevos
sin lunas y sin lirios,
y sin amores muertos.

Un cantar de mañana que estremezca
10 a los remansos quietos
del porvenir. Y llene de esperanza
sus ondas y sus cienos.

Un cantar luminoso y reposado,
pleno de pensamiento,

m'intrica l'illusione
20 quasi appassita.

L'ombra della mia anima!

E un'allucinazione
munge i miei sguardi.
Vedo la parola amore
25 diroccata.

Usignolo mio!
Usignolo!
Canti ancora?

CANTI NUOVI
Agosto 1920, Vega de Zujaira

Dice la sera: «Ho sete d'ombra!».
Dice la luna: «Io, sete di stelle!».
La fonte cristallina chiede labbra,
sospiri chiede il vento.

5 Io ho sete di aromi e di risate.
Sete di canti nuovi
senza lune né gigli,
e senza amori morti.

Un canto mattutino per cui tremi
10 la quiete dei ristagni
dell'avvenire. E colmi di speranza
sia le onde che le melme.

Un canto luminoso e sereno,
pieno di pensiero,

15 virginal de tristezas y de angustias
y virginal de ensueños.

Cantar sin carne lírica que llene
de risas el silencio.
(Una bandada de palomas ciegas
20 lanzadas al misterio.)

Cantar que vaya al alma de las cosas
y al alma de los vientos
y que descanse al fin en la alegría
del corazón eterno.

IN MEMORIAM

Agosto de 1920

Dulce chopo,
dulce chopo,
te has puesto
de oro.
5 Ayer estabas verde,
un verde loco
de pájaros
gloriosos.
Hoy estás abatido
10 bajo el cielo de agosto
como yo bajo el cielo
de mi espíritu rojo.
La fragancia cautiva
de tu tronco
15 vendrá a mi corazón
piadoso.
¡Rudo abuelo del prado!
Nosotros

5 vergine di tristezze e di angosce
e vergine di sogni.

E senza carne lirica che colmi
di risate il silenzio.
(Uno stormo di cieche colombe
10 lanciate al mistero.)

Canto diretto al cuore delle cose
e all'anima dei venti
e che riposi infine nella gioia
del cuore eterno.

IN MEMORIAM
Agosto 1920

Dolce pioppo,
dolce pioppo,
sei diventato
d'oro.
5 Ieri eri ancora verde,
un verde folle
di uccelli
gloriosi.
Oggi sei abbattuto
10 sotto il cielo d'agosto
come me sotto il cielo
del mio spirito rosso.
La fragranza rinchiusa
nel tuo tronco
15 verrà verso il mio cuore
pietoso.
Scabro nonno del prato!
Noi

nos hemos puesto
20 de oro.

SUEÑO

Mayo de 1919

Mi corazón reposa junto a la fuente fría.

    (Llénalo con tus hilos,
    araña del olvido.)

El agua de la fuente su canción le decía.

5   (Llénala con tus hilos,
    araña del olvido.)

Mi corazón despierto sus amores decía.

    (Araña del silencio,
    téjele tu misterio.)

10 El agua de la fuente lo escuchaba sombría.

    (Araña del silencio,
    téjele tu misterio.)

Mi corazón se vuelca sobre la fuente fría.

    (¡Manos blancas, lejanas,
15   detened a las aguas!)

Y el agua se lo lleva cantando de alegría.

    (¡Manos blancas, lejanas,
    nada queda en las aguas!)

siamo diventati
20 d'oro.

SOGNO
Maggio 1919

Il mio cuore riposa presso la fonte fredda.

    (Riempilo dei tuoi fili,
    ragno dell'oblio.)

L'acqua di quella fonte gli diceva i suoi canti.

5   (Riempila dei tuoi fili,
    ragno dell'oblio.)

Il mio cuore svegliato diceva i suoi amori.

    (Ragno del silenzio,
    tessigli il tuo mistero.)

10 E l'acqua della fonte lo ascoltava ombrosa.

    (Ragno del silenzio,
    tessigli il tuo mistero.)

Il cuore si rovescia su quella fonte fredda.

    (Mani bianche, lontane,
15   trattenete l'acqua!)

Lo porta via l'acqua cantando d'allegria.

    (Mani bianche, lontane,
    niente resta nell'acqua!)

MADRIGAL

Octubre de 1920, Madrid

Mi beso era una granada,
profunda y abierta;
tu boca era rosa
de papel.

5 El fondo un campo de nieve.

Mis manos eran hierros
para los yunques;
tu cuerpo era el ocaso
de una campanada.

10 El fondo un campo de nieve.

En la agujereada
calavera azul
hicieron estalactitas
mis te quiero.

15 El fondo un campo de nieve.

Llenáronse de moho
mis sueños infantiles,
y taladró a la luna
mi dolor salomónico.

20 El fondo un campo de nieve.

Ahora amaestro grave
a la alta escuela,
a mi amor y a mis sueños
(caballitos sin ojos).

25 Y el fondo es un campo de nieve.

MADRIGALE
Ottobre 1920, Madrid

Il mio bacio era una melagrana,
profonda e aperta;
la tua bocca era una rosa
di carta.

5 Lo sfondo un campo di neve.

Le mie mani erano ferri
buoni per le incudini;
il tuo corpo era il tramonto
di un rintocco di campana.

10 Lo sfondo un campo di neve.

Nello sforacchiato
teschio blu
fecero stalattiti
i miei ti amo.

15 Lo sfondo un campo di neve.

Si riempirono di muffa
i miei sogni infantili,
e il mio dolore tortile
trapanò la luna.

20 Lo sfondo un campo di neve.

Adesso ammaestro grave
l'alta scuola,
il mio amore, i miei sogni
(cavallucci senza occhi).

25 E lo sfondo è un campo di neve.

BALADA DE LA PLACETA
1919

Cantan los niños
en la noche quieta:
¡arroyo claro,
fuente serena!

Los niños
5 ¿Qué tiene tu divino
corazón en fiesta?

Yo
Un doblar de campanas
perdidas en la niebla.

Los niños
Ya nos dejas cantando
10 en la plazuela.
¡Arroyo claro,
fuente serena!

¿Qué tienes en tus manos
de primavera?

Yo
15 Una rosa de sangre
y una azucena.

Los niños
Mójalas en el agua
de la canción añeja.
¡Arroyo claro,
20 fuente serena!

BALLATA DELLA PIAZZETTA
1919

Cantano i bambini
nella notte quieta:
ruscello chiaro,
fonte serena![1]

I bambini
5 Che cos'ha il tuo divino
cuore in festa?

Io
Rintocchi di campane
smarrite nella nebbia.

I bambini
Già ci lasci cantando
10 nella piazzetta.
Ruscello chiaro,
fonte serena!

Che cos'hai nelle mani
di primavera?

Io
15 Una rosa di sangue
e un giglio.

I bambini
Bagnali nell'acqua
della canzone antica.
Ruscello chiaro,
20 fonte serena!

[1] I versi 3-4 sono l'inizio di una canzone infantile.

¿Qué sientes en tu boca
roja y sedienta?

Yo
El sabor de los huesos
de mi gran calavera.

Los niños
25 Bebe el agua tranquila
de la canción añeja.
¡Arroyo claro,
fuente serena!

¿Por qué te vas tan lejos
30 de la plazuela?

Yo
¡Voy en busca de magos
y de princesas!

Los niños
¿Quién te enseñó el camino
de los poetas?

Yo
35 La fuente y el arroyo
de la canción añeja.

Los niños
¿Te vas lejos, muy lejos
del mar y de la tierra?

Yo
Se ha llenado de luces
40 mi corazón de seda,
de campanas perdidas,

54

Che senti nella tua bocca
rossa e assetata?

Io
Il sapore delle ossa
del mio grande teschio.

I bambini
25 Bevi l'acqua tranquilla
della canzone antica.
Ruscello chiaro,
fonte serena!

Perché te ne vai così lontano
30 dalla piazzetta?

Io
Vado in cerca di maghi
e di principesse!

I bambini
Chi ti ha mostrato il cammino
dei poeti?

Io
35 La fonte e il ruscello
della canzone antica.

I bambini
Te ne vai lontano lontano
dal mare e dalla terra?

Io
Si è riempito di luci
40 il mio cuore di seta,
di campane smarrite,

de lirios y de abejas.
Y yo me iré muy lejos,
más allá de esas sierras,
45 más allá de los mares,
cerca de las estrellas,
para pedirle a Cristo
señor que me devuelva
mi alma antigua de niño,
50 madura de leyendas,
con el gorro de plumas
y el sable de madera.

Los niños
Ya nos dejas cantando
en la plazuela.
55 ¡Arroyo claro,
fuente serena!

Las pupilas enormes
de las frondas resecas,
heridas por el viento,
60 lloran las hojas muertas.

LA LUNA Y LA MUERTE
1919

La luna tiene dientes de marfil.
¡Qué vieja y triste asoma!
Están los cauces secos,
los campos sin verdores
5 y los árboles mustios
sin nidos y sin hojas.
Doña Muerte, arrugada,
pasea por sauzales

di iris e di api.
Io me ne andrò lontano,
oltre quella montagna,
45 al di là dei mari,
vicino alle stelle,
per chiedere a Cristo
che mi ridia l'anima
antica di bambino,
50 matura di leggende,
con il berretto di piume
e la spada di legno.

I bambini
Già ci lasci cantando
nella piazzetta.
55 Ruscello chiaro,
fonte serena!

Le pupille enormi
delle fronde riarse,
ferite dal vento,
60 piangono le foglie morte.

LA LUNA E LA MORTE
1919

La luna ha denti d'avorio.
Come spunta vecchia e triste!
Gli alvei sono secchi,
i campi senza verde
5 e gli alberi avvizziti
senza foglie e senza nidi.
Donna Morte, raggrinzita,
passa nei saliceti

con su absurdo cortejo
10 de ilusiones remotas.
Va vendiendo colores
de cera y de tormenta
como un hada de cuento
mala y enredadora.

15 La luna le ha comprado
pinturas a la Muerte.
En esta noche turbia
¡está la luna loca!

Yo mientras tanto pongo
20 en mi pecho sombrío
una feria sin músicas
con las tiendas de sombra.

EL MACHO CABRÍO
1919

El rebaño de cabras ha pasado
junto al agua del río.
En la tarde de rosa y de zafiro,
llena de paz romántica,
5 yo miro
al gran macho cabrío.

¡Salve, demonio mudo!
Eres el más
intenso animal.
10 Místico eterno
del infierno
carnal...

con l'assurdo corteo
di illusioni remote.
Va vendendo colori
di cera e di tempesta
come una fata da fiaba
cattiva e imbrogliona.

E la luna ha comprato
pitture dalla Morte.
Nella notte confusa
la luna è proprio folle!

Nel frattempo io dispongo
nel mio animo ombroso
una fiera senza musiche
con bancarelle d'ombra.

IL CAPRONE
1919

Il gregge di capre è passato
presso l'acqua del fiume.
Nella sera di rosa e di zaffiro,
piena d'una pace romantica,
io contemplo
il caprone imponente.

Salve, demonio muto!
Sei il più
intenso animale.
Mistico eterno
dell'inferno
carnale...

¡Cuántos encantos
tiene tu barba,
15 tu frente ancha,
rudo don Juan!
¡Qué gran acento el de tu mirada
mefistofélica
y pasional!

20 Vas por los campos
con tu manada
hecho un eunuco
¡siendo un sultán!
Tu sed de sexo
25 nunca se apaga;
¡bien aprendiste
del padre Pan!

La cabra
lenta te va siguiendo,
30 enamorada con humildad;
mas tus pasiones son insaciables;
Grecia vieja
te comprenderá.

¡Oh ser de hondas leyendas santas
35 de ascetas flacos y Satanás,
con piedras negras y cruces toscas,
con fieras mansas y cuevas hondas
donde te vieron entre la sombra
soplar la llama
40 de lo sexual!

Quanti incanti
ha la tua barba,
15 la tua fronte larga,
rude Don Giovanni!
Che grande accento nel tuo sguardo
mefistofelico
e passionale!

20 Vai per i campi
con il tuo gregge,
diventato un eunuco
tu che sei un sultano!
La tua sete di sesso
25 non si placa mai;
hai imparato bene
dal padre Pan![1]

La capra
lenta ti viene dietro,
30 innamorata con umiltà;
ma le tue sono passioni insaziabili;
la vecchia Grecia
ti capirà.

O essere di profonde leggende sante
35 di asceti magri e di Satanassi,
con pietre nere e croci rozze,
con belve miti e grotte profonde,
dove sei stato visto tra le ombre
soffiare sulla fiamma
40 della sessualità!

---

[1] Pan, dio dei culti pastorali, rappresentato con fattezze caprine.

¡Machos cornudos
de bravas barbas!
¡Resumen negro a lo medieval!

Nacisteis juntos con Filomnedes
45 entre la espuma casta del mar,
y vuestras bocas
la acariciaron
bajo el asombro del mundo astral.

Sois de los bosques llenos de rosas
50 donde la luz es huracán;
sois de los prados de Anacreonte,
llenos con sangre de lo inmortal.

¡Machos cabríos!
Sois metamórfosis
55 de viejos sátiros
perdidos ya.
Vais derramando lujuria virgen
como no tuvo otro animal.

¡Iluminados del Mediodía!
60 Pararse en firme
para escuchar
que desde el fondo de las campiñas
el gallo os dice:
«¡Salud!» al pasar.

Maschi cornuti
dalla barba indomita!
Riassunto nero da Medioevo!

Nasceste assieme a Filomede[1]
nella schiuma casta del mare,
e le vostre bocche
l'accarezzarono
sotto lo stupore del mondo astrale.

Venite dai boschi pieni di rose
dove la luce è uragano;
venite dai prati di Anacreonte,[2]
pieni del sangue di ciò che è immortale.

Caproni!
Siete metamorfosi
di vecchi satiri
ormai scomparsi.
Voi spargete lussuria vergine
come nessun altro animale.

Illuminati del Mezzogiorno!
Fermi sull'attenti
per ascoltare
che dal fondo delle campagne
vi dice il gallo
«Salve!» quando passate.

---

[1] È un appellativo di Afrodite, «amante del sorriso». Il caprone era consa-
crato alla dea in quanto animale dalla natura ardente e prolifica.
[2] Poeta greco (580-500 a.C.), cantore del vino e dell'amore.

POEMA DEL CANTE JONDO[1]
1931

TRADUZIONE E NOTE
DI LORENZO BLINI

[1] La stesura di gran parte del *Poema del cante jondo* risale al novembre del 1921, ma a causa di varie vicissitudini, e dopo tre progetti di pubblicazione falliti (1922, 1923 e 1926), il libro vide la luce soltanto nel 1931 (Ulises, Madrid).

L'espressione dialettale andalusa *cante jondo* (in castigliano *canto hondo*, canto profondo) equivale, nel linguaggio comune, a canto flamenco. Tuttavia Lorca stesso, nella conferenza *El cante jondo*, puntualizza così la differenza tra i due termini:

«Che cos'è il *cante jondo*? Prima di continuare va fatta una distinzione particolare tra *cante jondo* e canto flamenco, distinzione essenziale riguardo all'antichità, alla struttura, allo spirito delle canzoni.

Si dà il nome di *cante jondo* a un gruppo di canzoni andaluse il cui archetipo puro e perfetto è la *siguiriya* gitana, dalle quali derivano altre canzoni tuttora conservate dal popolo, quali *polos, martinetes, carceleras* e *soleares*. Le strofe chiamate *malagueñas, granadinas, rondeñas, peteneras* ecc., non possono essere considerate altro che la conseguenza delle prime, e tanto per la loro architettura come per il loro ritmo se ne differenziano. Queste sono le canzoni che chiamiamo flamenche. [...] Le differenze essenziali tra il *cante jondo* e il flamenco consistono nel fatto che l'origine del primo va ricercata nei primitivi sistemi musicali dell'India, vale a dire nelle prime manifestazioni del canto, mentre il secondo, conseguenza del primo, si può dire che assuma la sua forma definitiva nel XVIII secolo.

Il primo è un canto tinto dal colore misterioso delle epoche antiche; il secondo è un canto relativamente moderno, il cui interesse emozionale scompare dinanzi all'altro. Colore spirituale e colore locale, ecco la profonda differenza».

Va inoltre segnalata l'ipotesi etimologica secondo la quale il termine *jondo* sarebbe una deformazione dell'ebraico *jom tob* (giorno festivo). In questo caso *cante jondo* significherebbe, dunque, canto liturgico.

Il testo a fronte è tratto dall'edizione critica curata da Ch. de Paepe, Espasa-Calpe, Madrid 1986, che segue il testo della prima edizione.

BALADILLA DE LOS TRES RÍOS

El río Guadalquivir
va entre naranjos y olivos.
Los dos ríos de Granada
bajan de la nieve al trigo.

5   *¡Ay, amor*
  que se fue y no vino!

El río Guadalquivir
tiene las barbas granates.
Los dos ríos de Granada,
10 uno llanto y otro sangre.

  ¡Ay, amor
  que se fue por el aire!

Para los barcos de vela
Sevilla tiene un camino;

PICCOLA BALLATA DEI TRE FIUMI

Il fiume Guadalquivir
scorre tra olivi e aranci.
I due fiumi di Granada[1]
vanno dalla neve al grano.

5 Ay,[2] amore
fuggito e non tornato!

Il fiume Guadalquivir
ha la barba granato.
I due fiumi di Granada,
10 uno sangue e l'altro pianto.

Ay, amore
fuggito nel vento!

Per le barche a vela,
Siviglia ha un cammino;

---

[1] Il Genil e il Dauro, contrapposti al Guadalquivir, fiume di Siviglia. Tutta la poesia è basata sul contrasto tra l'allegria di Siviglia e la malinconia di Granada.

[2] Interiezione spagnola che corrisponde all'"ahi" italiano, ma coincidente anche con alcuni nostri usi di "ah" (preghiera, sospiro, meraviglia ecc.). Nell'ambito del *Poema del cante jondo* si è preferito non tradurla e trascriverla nella grafia spagnola, in quanto l'*ay* è un elemento caratteristico dell'arte flamenca, presente all'inizio della grande maggioranza dei vari tipi di canto, utilizzato per scaldare e intonare la voce. L'*ayeo*, ripetizione di *ay*, è uno degli elementi in base ai quali si giudicano le capacità del *cantaor* (cantante) flamenco.

15 por el agua de Granada
solo reman los suspiros.

¡Ay, amor
que se fue y no vino!

Guadalquivir, alta torre
20 y viento en los naranjales.
Dauro y Genil, torrecillas
muertas sobre los estanques.

¡Ay, amor
que se fue por el aire!

25 ¡Quién dirá que el agua lleva
un fuego fatuo de gritos!

¡Ay, amor
que se fue y no vino!

Lleva azahar, lleva olivas,
30 Andalucía, a tus mares.

¡Ay, amor
que se fue por el aire!

¹⁵ nelle acque di Granada
remano solo i sospiri.

*Ay, amore
fuggito e non tornato!*

Guadalquivir, alta torre
²⁰ e vento negli aranceti.
Dauro e Genil, torrette
morte sopra gli stagni.

*Ay, amore
fuggito nel vento!*

²⁵ Chi dirà che l'acqua porta
un fuoco fatuo di grida!

*Ay, amore
fuggito e non tornato!*

Porta fiori d'arancio e olive,
³⁰ Andalusia, ai tuoi mari.

*Ay, amore
fuggito nel vento!*

PAISAJE

El campo
de olivos
se abre y se cierra
como un abanico.
5 Sobre el olivar
hay un cielo hundido
y una lluvia oscura
de luceros fríos.
Tiembla junco y penumbra
10 a la orilla del río.
Se riza el aire gris.
Los olivos,
están cargados
de gritos.

---

[1] È una delle quattro grandi famiglie in cui si dividono i vari tipi di *cante jondo: siguiriyas, tonás, soleares* e *fandangos*. La *siguiriya* è caratterizzata da toni tragici e pessimisti, che si esplicitano nei suoi motivi ispiratori: l'amore, la madre, la morte e la disperazione. È probabile che la *siguiriya* discenda, in quanto a etimologia e metrica, dalla *seguidilla*, classica strofa spagnola formata da quattro versi brevi. Nella conferenza sul *cante jondo* Lorca si sofferma su questo tipo di canto:

«Il maestro Falla, che ha studiato a fondo la questione e da cui io mi documento, afferma che la *siguiriya* gitana è la canzone tipo del gruppo *cante jondo* e dichiara esplicitamente che si tratta dell'unico canto che nel nostro continente abbia conservato in tutta la loro purezza, tanto nella composizione quanto nello stile, le qualità che racchiude il canto primitivo dei popoli orientali.

70

POEMA DELLA SIGUIRIYA GITANA[1]

PAESAGGIO

Il campo
di olivi
si apre e si chiude
come un ventaglio.
5 Sull'oliveto
un cielo sommerso
e una oscura pioggia
di stelle fredde.
Trema giunco e penombra
10 sulla riva del fiume.
Si arriccia il vento grigio.
Gli olivi,
sono carichi
di grida.

Prima di conoscere l'affermazione del maestro, la *siguiriya* gitana aveva evocato in me (lirico incurabile) una strada senza fine, una strada senza incroci, che terminava alla fonte palpitante della poesia "bambina", la strada dove morì il primo uccello e si coprì di ruggine la prima freccia.

La *siguiriya* gitana comincia con un grido terribile, un grido che divide il paesaggio in due emisferi ideali. È il grido delle generazioni morte, l'acuta elegia dei secoli scomparsi, è la patetica evocazione dell'amore sotto altre lune e altri venti.

Poi, a poco a poco, la frase melodica apre il mistero dei toni e porta alla luce la pietra preziosa del singhiozzo, lacrima sonora sul fiume della voce. Ma nessun andaluso può resistere all'emozione del brivido ascoltando quel grido, nessun canto regionale può uguagliarlo nella sua grandezza poetica, e poche volte, pochissime volte, lo spirito umano riesce a plasmare opere di tale natura».

15 Una bandada
  de pájaros cautivos,
  que mueven sus larguísimas
  colas en lo sombrío.

LA GUITARRA

Empieza el llanto
de la guitarra.
Se rompen las copas
de la madrugada.
5 Empieza el llanto
de la guitarra.
Es inútil
callarla.
Es imposible
10 callarla.
Llora monótona
como llora el agua,
como llora el viento
sobre la nevada.

[1] La chitarra è uno degli argomenti che Lorca trattò nella conferenza «Arquitectura del cante jondo»:

«Non c'è dubbio che la chitarra abbia dato vita a molte delle canzoni andaluse, poiché queste hanno dovuto adattarsi alla sua struttura tonale, prova ne sia che nelle canzoni che si cantano senza il suo accompagnamento, come i *martinetes* e le *jelianas*, la forma melodica cambia completamente e acquisiscono come una maggiore libertà e un impeto, sebbene più diretto, meno costruito.

La chitarra, nel *cante jondo*, deve limitarsi a marcare il ritmo e "seguire" il *cantaor*; è uno sfondo per la voce e deve rimanere subordinata a chi canta.

Tuttavia, dato che la personalità del chitarrista è rilevante come quella del cantante, anch'egli deve cantare e nasce così l'interludio di chitarra, che è il commento delle corde, a volte di estrema bellezza quando è sincero, ma che in molte occasioni è falso, stupido e pieno di italianismi senza senso quando è l'espressione di uno di questi "virtuosi" che accompagnano i *fandanguillos* di questi spettacoli deplorevoli chiamati opera flamenca. Anche l'interludio è tradizione, e alcuni chitarristi, come il magnifico Niño de Huelva, non solo si la-

¹⁵ Uno stormo
di uccelli prigionieri,
che muovono le lunghissime
code nell'ombra.

LA CHITARRA[1]

Comincia il pianto
della chitarra.
Si rompono i calici
dell'alba.
⁵ Comincia il pianto
della chitarra.
È inutile
calmarla.
È impossibile
¹⁰ calmarla.
Piange monotona
come piange l'acqua,
come piange il vento
sulla nevicata.

sciano condurre dalla voce del loro buon sangue, ma nemmeno si scostano dalla linea pura, né pretendono mai, virtuosi eccelsi, di dimostrare il loro virtuosismo.

Ho parlato della "voce del loro buon sangue" perché la prima cosa di cui si ha bisogno per il canto e per suonare la chitarra è quella capacità di trasformazione e depurazione della melodia e del ritmo di cui è dotato l'andaluso, e in particolar modo il gitano. Una sagacia per eliminare quanto vi è di nuovo e accessorio, affinché risalti l'essenziale; un potere magico per disegnare o misurare una *siguiriya* con accento assolutamente millenario. La chitarra commenta, ma allo stesso tempo crea, e questo è uno dei maggiori pericoli che corre il *cante*. Capita che un chitarrista che voglia mettersi in luce rovini totalmente l'emozione di un verso o il trasporto di un finale.

Quel che è certo è che la chitarra ha costruito il *cante jondo*. Ha lavorato, approfondito, l'oscura musa orientale ebrea e araba, antichissima, ma per questo balbuziente. La chitarra ha occidentalizzato il *cante*, e ha trasformato in bellezza senza pari, e bellezza positiva, il dramma andaluso, Oriente e Occidente in lotta, che fanno di Bética un'isola di cultura».

15 Es imposible
callarla.
Llora por cosas
lejanas.
Arena del Sur caliente
20 que pide camelias blancas.
Llora flecha sin blanco,
la tarde sin mañana,
y el primer pájaro muerto
sobre la rama.
25 ¡Oh guitarra!
Corazón malherido
por cinco espadas.

EL GRITO

La elipse de un grito,
va de monte
a monte.

Desde los olivos,
5 será un arco iris negro
sobre la noche azul.

¡Ay!

Como un arco de viola,
el grito ha hecho vibrar
10 largas cuerdas del viento.

¡Ay!

(Las gentes de las cuevas
asoman sus velones.)

¡Ay!

È impossibile
calmarla.
Piange per cose
lontane.
Sabbia del Sud rovente
che chiede camelie bianche.
Piange freccia senza bersaglio,
la sera senza domani,
e il primo uccello morto
sopra il ramo.
Oh chitarra!
Cuore trafitto
da cinque spade.

IL GRIDO

L'ellisse di un grido,
va da monte
a monte.

Dagli olivi,
sarà un arcobaleno nero
sulla notte blu.

Ay!

Come un arco di viola,
il grido ha fatto vibrare
lunghe corde del vento.

Ay!

(La gente delle grotte
affaccia le lucerne.)

Ay!

EL SILENCIO

Oye, hijo mío, el silencio.
Es un silencio ondulado,
un silencio,
donde resbalan valles y ecos
5 y que inclina las frentes
hacia el suelo.

EL PASO DE LA SIGUIRIYA

Entre mariposas negras,
va una muchacha morena
junto a una blanca serpiente
de niebla.

5 *Tierra de luz,*
cielo de tierra.

Va encadenada al temblor
de un ritmo que nunca llega;
tiene el corazón de plata
10 y un puñal en la diestra.

¿Adónde vas, siguiriya,
con un ritmo sin cabeza?
¿Qué luna recogerá
tu dolor de cal y adelfa?

15 *Tierra de luz,*
cielo de tierra.

IL SILENZIO

Ascolta, figlio mio, il silenzio.
È un silenzio ondulato,
un silenzio,
dove scivolano valli ed echi
5 e che inclina le fronti
al suolo.

IL PASSAGGIO DELLA SIGUIRIYA

Tra farfalle nere,
va una ragazza bruna
insieme a un bianco serpente
di nebbia.

5 *Terra di luce,*
cielo di terra.

Va incatenata al tremore
di un ritmo che non ha meta;
ha il cuore fatto d'argento
10 e un pugnale nella destra.

Dove vai, siguiriya,
con un ritmo senza testa?
Che luna raccoglierà
la tua pena di calce e oleandro?

15 *Terra di luce,*
cielo di terra.

DESPUÉS DE PASAR

Los niños miran
un punto lejano.

Los candiles se apagan.
Unas muchachas ciegas
5 preguntan a la luna,
y por el aire ascienden
espirales de llanto.

Las montañas miran
un punto lejano.

Y DESPUÉS

Los laberintos
que crea el tiempo,
se desvanecen.

(Sólo queda
5 el desierto.)

El corazón
fuente del deseo,
se desvanece.

(Sólo queda
10 el desierto.)

La ilusión de la aurora
y los besos,
se desvanecen.

DOPO IL PASSAGGIO

I bambini guardano
un punto lontano.

Le lucerne si spengono.
Delle ragazze cieche
domandano alla luna,
e nell'aria si levano
le spirali di pianto.

Le montagne guardano
un punto lontano.

E DOPO

I labirinti
che crea il tempo,
svaniscono.

(Resta solo
il deserto.)

Il cuore
fonte del desiderio,
svanisce.

(Resta solo
il deserto.)

L'illusione dell'alba
e i baci,
svaniscono.

Sólo queda
15 el desierto.
Un ondulado
desierto.

Resta solo
15 il deserto.
Un ondulato
deserto.

CAMPANA
Bordón

En la torre
amarilla,
dobla una campana.

Sobre el viento
5 amarillo,
se abren las campanadas.

En la torre
amarilla,
cesa la campana.

10 El viento con el polvo,
hace proras de plata.

GRAFICO DELLA PETENERA[1]

CAMPANA
Bordone

Sulla torre
gialla,
suona a morto una campana.

Nel vento
5 giallo,
i rintocchi si spargono.

Sulla torre
gialla,
cessa la campana.

10 Il vento con la polvere,
forma prore d'argento.

---

[1] *Petenera*: una delle espressioni più leggendarie del *cante jondo*. Appartiene ai cosiddetti *cantes aflamencados*, vale a dire canti autoctoni entrati nell'ambito del flamenco dopo il contatto con l'elemento gitano. Sembra che debba il suo nome a una cantante chiamata «la Petenera», per gelosia della quale si narra che molti uomini morirono in modo violento. Probabilmente a causa di questa leggenda esiste tra i cantanti e i musicisti gitani la superstizione che cantare *peteneras* sia di malaugurio, e generalmente si rifiutano di interpretarla.

CAMINO

Cien jinetes enlutados,
¿dónde irán,
por el cielo yacente
del naranjal?
5 Ni a Córdoba ni a Sevilla
llegarán.
Ni a Granada la que suspira
por el mar.
Esos caballos soñolientos
10 los llevarán,
al laberinto de las cruces
donde tiembla el cantar.
Con siete ayes clavados,
¿dónde irán,
15 los cien jinetes andaluces
del naranjal?

LAS SEIS CUERDAS

La guitarra,
hace llorar a los sueños.
El sollozo de las almas
perdidas,
5 se escapa por su boca
redonda.
Y como la tarántula
teje una gran estrella
para cazar suspiros,
10 que flotan en su negro
aljibe de madera.

STRADA

Cento cavalieri in lutto,
dove andranno,
nel cielo giacente
dell'aranceto?
5 Né a Cordova né a Siviglia
giungeranno.
Né a Granada che sospira
per il mare.
Quei cavalli sonnolenti
o li porteranno,
al labirinto delle croci
dove trema il canto.
Da sette ay trafitti,[1]
dove andranno,
5 i cento cavalieri andalusi
dell'aranceto?

LE SEI CORDE

La chitarra,
fa piangere i sogni.
Il singhiozzo delle anime
perdute,
5 sfugge dalla sua bocca
rotonda.
E come la tarantola
tesse una grande stella
per catturare sospiri,
o a galla nella sua nera
cisterna di legno.

[1] Tra le possibili interpretazioni di questo verso, da segnalare il riferimento
metaforico all'immagine di Nostra Signora dei Dolori, spesso raffigurata con il
cuore trafitto dalle lame di sette spade.

DANZA
En el huerto de la Petenera

En la noche del huerto,
seis gitanas,
vestidas de blanco
bailan.

5 En la noche del huerto,
coronadas,
con rosas de papel
y biznagas.

En la noche del huerto,
10 sus dientes de nácar,
escriben la sombra
quemada.

Y en la noche del huerto,
sus sombras se alargan,
15 y llegan hasta el cielo
moradas.

MUERTE DE LA PETENERA

En la casa blanca muere
la perdición de los hombres.

Cien jacas caracolean.
Sus jinetes están muertos.

DANZA
Nel giardino della Petenera

Nella notte del giardino,
sei gitane,
vestite di bianco
ballano.

5 Nella notte del giardino,
incoronate,
con rose di carta
e visnaghe.

Nella notte del giardino,
10 i denti perlacei
scrivono l'ombra
bruciata.

E nella notte del giardino,
le loro ombre si allungano,
15 e raggiungono il cielo
violacee.

MORTE DELLA PETENERA

Nella casa bianca muore
la perdizione degli uomini.[1]

Caracollano cento cavalle.
I cavalieri sono morti.

[1] La «perdizione degli uomini» è un'espressione, profondamente radicata
nella tradizione popolare andalusa, con la quale viene chiamata la Petenera.

87

5 Bajo las estremecidas
  estrellas de los velones,
  su falda de moaré tiembla
  entre sus muslos de cobre.

  Cien jacas caracolean.
10 *Sus jinetes están muertos.*

  Largas sombras afiladas
  vienen del turbio horizonte,
  y el bordón de una guitarra
  se rompe.

15 *Cien jacas caracolean.*
  Sus jinetes están muertos.

FALSETA

  ¡Ay, petenera gitana!
  ¡Yayay petenera!
  Tu entierro no tuvo niñas
  buenas.
5 Niñas que le dan a Cristo muerto
  sus guedejas,
  y llevan blancas mantillas
  en las ferias.
  Tu entierro fue de gente
10 siniestra.
  Gente con el corazón
  en la cabeza,

5 Sotto le tremolanti
stelle delle lucerne
la gonna di moire freme
tra il rame delle sue cosce.

Caracollano cento cavalle.
10 *I cavalieri sono morti.*

Le lunghe ombre affilate
giungono dal fosco orizzonte,
e la corda[1] di una chitarra
si rompe.

15 *Caracollano cento cavalle.*
I cavalieri sono morti.

INTERLUDIO DI CHITARRA[2]

Ay, petenera gitana!
Yayay petenera!
Al tuo funerale non c'erano
brave bambine.
5 Bambine che danno al Cristo morto
le loro ciocche,
e portano bianche mantiglie
alle feste.
Al tuo funerale c'era
10 gente sinistra.
Gente con il cuore
nella testa,

[1] Il termine spagnolo *bordón* designa il mi basso, vale a dire la più grossa delle corde della chitarra.
[2] Il termine spagnolo *falseta* indica la frase musicale o l'arpeggio di chitarra che collega le serie di accordi che accompagnano il canto.

que te siguió llorando
por las callejas.
15 ¡Ay, petenera gitana!
¡Yayay petenera!

«DE PROFUNDIS»

Los cien enamorados
duermen para siempre
bajo la tierra seca.
Andalucía tiene
5 largos caminos rojos.
Córdoba, olivos verdes
donde poner cien cruces,
que los recuerden.
Los cien enamorados
10 duermen para siempre.

CLAMOR

En las torres
amarillas,
doblan las campanas.

Sobre los vientos
5 amarillos,
se abren las campanadas.

Por un camino va
la muerte, coronada,
de azahares marchitos.
10 Canta y canta

che ti seguì nei vicoli
piangendo.
5 Ay, petenera gitana!
Yayay petenera!

«DE PROFUNDIS»

I cento innamorati
dormono per sempre
sotto la terra secca.
L'Andalusia possiede
5 lunghe strade rosse.
Cordova, olivi verdi
per piantare cento croci,
che li rammentino.
I cento innamorati
10 dormono per sempre.

CAMPANE A MORTO

Sulle torri
gialle,
suonano a morto le campane.

Nei venti
5 gialli,
i rintocchi si allargano.

Per una strada va
la morte, incoronata,
di fiori d'arancio appassiti.
10 Canta e canta

una canción
en su vihuela blanca,
y canta y canta y canta.

En las torres amarillas,
15 cesan las campanas.

El viento con el polvo,
hacen proras de plata.

una canzone
con la chitarra bianca,
e canta e canta e canta.

Sulle torri gialle,
15 cessano le campane.

Il vento con la polvere,
forma prore d'argento.

SUITES[1]

TRADUZIONE E NOTE
DI RENATO BRUNO E LORENZO BLINI

[1] André Belamich ha raccolto sotto questo titolo, indicato dallo stesso Lorca in varie lettere e interviste – nell'ultima, dei primi mesi del 1936, diceva di *Suites*: «un libro sul quale ho lavorato molto e con molto amore sui temi antichi» – buona parte della produzione poetica lorchiana del periodo che va dalla fine del 1920 all'agosto del 1923. Emilio Prados avrebbe dovuto pubblicare un libro intitolato *Suites* nel 1927, ma in seguito a divergenze con Lorca rinunciò al progetto. Alcuni testi o parti di essi compaiono fra le *Canciones* del 1927; Lorca autorizzò poi Manuel Altolaguirre a pubblicare nel 1936 undici suites nel libro intitolato *Primeras canciones*. Nelle ultime interviste Lorca affermava di lavorare ancora al libro delle *Suites*. Il titolo allude al significato musicale di composizione in più tempi concatenati, ciascuno dei quali costituito da un tipo di danza in alternanza ritmica. Nella prassi poetica di Lorca, il rapporto tra i «tempi» è spesso costituito dalle variazioni su uno stesso tema. I testi originali qui riprodotti si basano sull'edizione critica a cura di Belamich, *Suites*, Ariel, Barcelona 1983.

La traduzione della «Suite degli specchi» è di Renato Bruno.
La traduzione della suite «La selva degli orologi» è di Lorenzo Blini.

SÍMBOLO

Cristo.
Tenía un espejo
en cada mano.
Multiplicaba
5   su propio espectro.
Proyectaba su corazón
en las miradas.
Negras.
¡Creo!

EL GRAN ESPEJO

Vivimos
bajo el gran espejo.
¡El hombre es azul!
¡Hosanna!

SUITE DEGLI SPECCHI[1]

SIMBOLO

Cristo.
Aveva uno specchio
in ogni mano.
Moltiplicava
5 il proprio spettro.
Proiettava il suo cuore
negli sguardi.
Neri.
Credo!

IL GRANDE SPECCHIO

Viviamo
sotto il grande specchio.
L'uomo è azzurro!
Osanna!

[1] Il manoscritto originale reca la data 15 aprile 1921.

REFLEJO

Doña Luna.
(¿Se ha roto el azogue?)
No.
¿Qué muchacho ha encendido
5 su linterna?
Solo una mariposa
basta para apagarte.
Calla... ¡pero es posible!
¡Aquella luciérnaga
10 es la luna!

RAYOS

Todo es abanico.
Hermano, abre los brazos.
Dios es el punto.

RÉPLICA

Un pájaro tan sólo
canta.
El aire multiplica.
Oímos por espejos.

TIERRA

Andamos
sobre un espejo

RIFLESSO

Donna Luna.
(Si è rotto il mercurio?)
No.
Quale ragazzo ha acceso
5 la sua lanterna?
Una farfalla sola
basta per spegnerti.
Taci... ma è mai possibile!
Quella lucciola là
10 è la luna!

RAGGI

Ogni cosa è ventaglio.
Apri le braccia, fratello.
Dio è il punto.

REPLICA

Un uccello soltanto
canta.
L'aria moltiplica.
Udiamo per mezzo di specchi.

TERRA

Camminiamo
sopra uno specchio

        sin azogue,
        sobre un cristal
5   sin nubes.
        Si los lirios nacieran
        al revés.
        Si las rosas nacieran
        al revés.
10 Si todas las raíces
        miraran las estrellas
        y el muerto no cerrara
        sus ojos,
        seríamos como cisnes.

CAPRICHO

        Detrás de cada espejo
        hay una estrella muerta
        y un arco iris niño
        que duerme.

5   Detrás de cada espejo
        hay una calma eterna
        y un nido de silencios
        que no han volado.

        El espejo es la momia
10 del manantial, se cierra
        como concha de luz
        por la noche.

        El espejo
        es la madre-rocío
15 y el libro que diseca
        los crepúsculos, el eco hecho carne.

100

senza mercurio,
sopra un cristallo
5 senza nuvole.
Se gli iris nascessero
al contrario.
Se le rose nascessero
al contrario.
10 Se tutte le radici
guardassero le stelle
e il morto non chiudesse
gli occhi,
saremmo come cigni.

CAPRICCIO

Dietro ogni specchio
c'è una stella che è morta
e un arcobaleno bambino
che dorme.

5 Dietro ogni specchio
c'è una calma perenne
e un nido di silenzi
che non hanno volato.

Ogni specchio è la mummia
10 della fonte; si chiude
come ostrica di luce
nella notte.

Lo specchio
è la madre-rugiada,
15 il libro che dissecca
i crepuscoli, l'eco fatta carne.

SINTO

Campanillas de oro.
Pagoda dragón.
Tilín tilín.
Sobre los arrozales.

5 Fuente primitiva.
Fuente de la verdad.

A lo lejos.
Garzas color de rosa
y un volcán marchito.

LOS OJOS

En los ojos se abren
infinitos senderos.
Son dos encrucijadas
de la sombra.
5 La muerte llega siempre
de esos campos ocultos,
jardinera que troncha
las flores de las lágrimas.
Las pupilas no tienen
10 horizontes.
Nos perdemos en ellas
como en la selva virgen.
Al castillo de irás
y no volverás
15 se va por el camino
que comienza en el iris.

SHINTO[1]

Campanelli d'oro.
Pagoda dragone.
Tintin, tintin.
Sopra le risaie.

5 Fonte primitiva.
Fonte della verità.

In lontananza.
Aironi color rosa
e un vulcano appassito.

GLI OCCHI

In fondo agli occhi si aprono
infiniti sentieri.
Sono due crocevia
dell'ombra.
5 La morte giunge sempre
da questi campi occulti,
giardiniera che tronca
i fiori delle lacrime.
Le pupille non hanno
10 orizzonti.
In esse ci perdiamo
come in foreste vergini.
Al castello del parti
senza ritorno
15 si arriva per la strada
che comincia nell'iride.

[1] Shinto o scintoismo è la religione nazionale giapponese.

¡Muchacho sin amor,
Dios te libre de la yedra roja!
¡Guárdate del viajero,
20 Elenita que bordas
corbatas!

INITIUM

Adán y Eva.
La serpiente
partió el espejo
en mil pedazos
5 y la manzana
fue la piedra.

BERCEUSE AL ESPEJO DORMIDO

Duerme.
No temas la mirada
errante.
        Duerme.

Ni la mariposa
5 ni la palabra
ni el rayo furtivo
de la cerradura
te herirán.
        Duerme.

Ragazzo senza amore,
Dio ti salvi dall'edera rossa!
Guardati dal viaggiatore,
20 Elena che ricami
cravatte![1]

INITIUM

Adamo ed Eva.
Il serpente
spaccò lo specchio
in mille pezzi,
5 e la mela
fu la pietra.

NINNANANNA ALLO SPECCHIO ADDORMENTATO

Dormi.
Non temere lo sguardo
errante.
        Dormi.

Né la farfalla
5 né la parola
né il raggio furtivo
della serratura
ti feriranno.
        Dormi.

[1] Gli ultimi tre versi alludono a una canzone popolare.

Como mi corazón,
10 así tú,
espejo mío,
jardín donde el amor
me espera.

Duérmete sin cuidado,
15 pero despierta
cuando se muera el último
beso de mis labios.

AIRE

El aire
preñado de arcos iris
rompe sus espejos
sobre la fronda.

CONFUSIÓN

¿Mi corazón
es tu corazón?
¿Quién me refleja pensamientos?
¿Quién me presta
5 esta pasión
sin raíces?
¿Por qué cambia mi traje
de colores?
¡Todo es encrucijada!
10 ¿Por qué ves en el cieno
tanta estrella?
¿Hermano, eres tú

106

Come il mio cuore,
così tu,
specchio mio,
giardino dove l'amore
mi aspetta.

Addormentati senza affanni,
ma svegliati
quando morirà l'ultimo
bacio delle mie labbra.

ARIA

L'aria
pregna d'arcobaleni
rompe i suoi specchi
sulla fronda.

CONFUSIONE

Il mio cuore
è il tuo cuore?
Chi mi riflette pensieri?
Chi mi presta
questa passione
senza radici?
Perché il mio abito cambia
colore?
Ogni cosa è crocevia!
Perché vedi nella melma
tante stelle?
Fratello, sei tu

o soy yo?
¿Y estas manos tan frías
15 son de aquél?
Me veo por los ocasos,
y un hormiguero de gente
anda por mi corazón.

REMANSO

El búho.
Deja su meditación,
limpia sus gafas.
Y suspira.
5 Una luciérnaga.
Rueda monte abajo,
y una estrella
se corre.
El búho bate sus alas
10 y sigue meditando.

o sono io?
E queste mani così fredde
15 sono di quello?
Mi vedo nei tramonti,
e un formicaio di gente
mi cammina nel cuore.

RISTAGNO

Il gufo.
Smette di meditare,
si pulisce gli occhiali.
E sospira.
5 Una lucciola.
Rotola giù per la china,
e una stella
si scansa.
Il gufo batte le ali
10 e continua a meditare.

LA SELVA DE LOS RELOJES

[ENTRÉ EN LA SELVA]

Entré en la selva
de los relojes.

Frondas de tic-tac,
racimos de campanas
5 y, bajo la hora múltiple,
constelaciones de péndulos.

Los lirios negros
de las horas muertas,
los lirios negros
10 de las horas niñas.
¡Todo igual!
¿Y el oro del amor?

Hay una hora tan sólo.
¡Una hora tan sólo!
15 ¡La hora fría!

MALEZA

Me interné
por la hora mortal.
Hora de agonizante

LA SELVA DEGLI OROLOGI

[ENTRAI NELLA SELVA]

Entrai nella selva
degli orologi.

Fronde di tic-tac,
grappoli di campane
e, sotto l'ora multipla,
costellazioni di pendoli.

I gigli neri
delle ore morte,
i gigli neri
delle ore bambine.
Tutto uguale!
E l'oro dell'amore?

C'è un'ora solamente.
Un'ora solamente!
L'ora fredda!

ROVETO

Mi addentrai
nell'ora mortale.
Ora di agonizzante

y de últimos besos.
5 Grave hora que sueñan
las campanas cautivas.

Relojes de cuco
sin cuco.
Estrella mohosa
10 y enormes mariposas
pálidas.

Entre el boscaje
de suspiros
el aristón
15 sonaba
que tenía cuando niño.

¡Por aquí has de pasar,
corazón!
¡Por aquí,
20 corazón!

VISTA GENERAL

Toda la selva turbia
es una inmensa araña
que teje una red sonora
a la esperanza.
5 ¡A la pobre virgen blanca
que se cría con suspiros y miradas!

e di ultimi baci.
5 Grave ora che sognano
le campane prigioniere.

Orologi a cucù,
senza cucù.
Stella ammuffita
10 ed enormi farfalle
pallide.

Nella boscaglia
di sospiri
l'organetto
15 suonava
che avevo da bambino.

Di qui devi passare,
cuore!
Di qui,
20 cuore!

VISTA GENERALE

Tutta la selva torbida
è un ragno smisurato
che tesse una rete sonora
alla speranza.
5 Alla povera vergine bianca
che si nutre di sguardi e di sospiri!

ÉL

La verdadera esfinge
es el reloj.

Edipo nacerá de una pupila.

Limita al Norte
5 con el espejo
y al Sur
con el gato.

Doña Luna es una Venus.

(Esfera sin sabor.)

10 Los relojes nos traen
los inviernos.

(Golondrinas hieráticas
emigran el verano.)

La madrugada tiene
15 un pleamar de relojes.

DONDE SE AHOGA EL SUEÑO

Los murciélagos nacen
de las esferas.
Y el becerro los estudia
preocupado.

LUI

La vera sfinge
è l'orologio.

Edipo nascerà da una pupilla.

Confina a Nord
5 con lo specchio
e a Sud
con il gatto.

Donna Luna è una Venere.

(Sfera senza sapore.)

10 Gli orologi ci portano
gli inverni.

(Rondini ieratiche
migrano l'estate.)[1]

Sono un'alta marea
15 gli orologi dell'alba.

DOVE ANNEGA IL SOGNO

I pipistrelli nascono
dai quadranti.
E il vitello li studia
preoccupato.

---

[1] L'uso transitivo del verbo è anomalo anche in spagnolo.

5 ¿Cuándo será el crepúsculo
   de todos los relojes?
   ¿Cuándo esas lunas blancas
   se hundirán por los montes?

ECO DEL RELOJ

Me senté
en un claro del tiempo.
Era un remanso de silencio,
de un blanco
5 silencio.

Anillo formidable,
donde los luceros
chocaban con los doce flotantes
números negros.

MEDITACIÓN PRIMERA Y ÚLTIMA

El Tiempo
tiene color de noche.
De una noche quieta.
Sobre lunas enormes,
5 la Eternidad
está fija en las doce.
Y el Tiempo se ha dormido
para siempre en su torre.
Nos engañan

5 Quando sarà il crepuscolo
di tutti gli orologi?
Quando quelle lune bianche
sprofonderanno tra i monti?

ECO DELL'OROLOGIO[1]

Mi sedetti
in una radura del tempo.
Era un ristagno di silenzio,
di un bianco
5 silenzio.

Anello formidabile,
dove le stelle
urtavano i dodici fluttuanti
numeri neri.

MEDITAZIONE PRIMA E ULTIMA

Il Tempo
ha il colore della notte.
Di una notte tranquilla.
Sopra lune enormi,
5 l'Eternità
è ferma sulle dodici.
E il Tempo si è addormentato
per sempre nella sua torre.
Siamo ingannati

---

[1] Lo stesso testo, con il titolo «Radura d'orologio», figura in *Prime canzoni*.

117

10 todos los relojes.

El Tiempo tiene ya
horizontes.

LA HORA ESFINGE

En tu jardín se abren
las estrellas malditas.
Nacemos bajo tus cuernos
y morimos.

5 ¡Hora fría!
Pones un techo de piedra
a las mariposas líricas
y, sentada en el azul,
cortas alas
10 y limitas.

Una... dos... y tres.
Sonó la hora en la selva.
El silencio
se llenó de burbujas
15 y un péndulo de oro
llevaba y traía
mi cara por el aire.

¡Sonó la hora en la selva!
Los relojes de bolsillo,
20 como bandadas de moscas
iban y venían.

En mi corazón sonaba
el reloj sobredorado
de mi abuelita.

10 da tutti gli orologi.

Il Tempo ha già
orizzonti.

L'ORA SFINGE

Si aprono nel tuo giardino
le stelle maledette.
Nasciamo sotto i tuoi corni
e moriamo.

5 Ora fredda!
Collochi un tetto di pietra
sulle liriche farfalle
e, seduta nell'azzurro,
tagli ali
10 e delimiti.

Una... due... e tre.
È suonata l'ora nella selva.
Il silenzio
si è riempito di bollicine
15 e un pendolo d'oro
portava su e giù
il mio viso nel vento.

È suonata l'ora nella selva!
Gli orologi da tasca,
20 come sciami di mosche
andavano e venivano.

Nel mio cuore suonava
l'orologio dorato
di mia nonna.

CANZONI

CANCIONES
1921-1924[1]

TRADUZIONE E NOTE
DI RENATO BRUNO

[1] In realtà i testi, tranne qualche eccezione, sono stati scritti nel periodo che intercorre tra la metà del 1923 – momento in cui Lorca lascia le *Suites* – e il 1926. Le *Canzoni* avrebbero dovuto essere pubblicate assieme ad altri due libri, le *Suites* e *Poema del cante jondo*, da Emilio Prados, poeta e direttore della rivista «Litoral», a Malaga. In seguito a un dissidio, Prados pubblicò soltanto le *Canzoni* nel maggio 1927; due anni più tardi uscì una seconda edizione presso la Revista de Occidente. Il testo originale qui adottato segue l'edizione: F. García Lorca, *Canciones y Primeras canciones*, a cura di Piero Menarini, Espasa-Calpe, Madrid 1986.

EROS CON BASTÓN
1925

SUSTO EN EL COMEDOR

Eras rosa.
Te pusiste alimonada.

¿Qué intención viste en mi mano
que casi te amenazaba?

5 Quise las manzanas verdes.
No las manzanas rosadas...

alimonada...

(Grulla dormida la tarde,
puso en tierra la otra pata.)

LUCÍA MARTÍNEZ

Lucía Martínez.
Umbría de seda roja.

Tus muslos como la tarde
van de la luz a la sombra.

EROS CON BASTONE
1925[1]

SPAVENTO IN SALA DA PRANZO

Eri rosa.
Sei diventata color limone.

Quale intento hai visto nella mia mano
che quasi ti minacciava?

Volevo le mele verdi.
Non quelle rosate...

color limone...

(La sera, gru addormentata,
mise a terra l'altra zampa.)[2]

LUCÍA MARTÍNEZ

Lucía Martínez.
Ombrosa di seta rossa.

Le tue cosce come la sera
cambiano dalla luce all'ombra.

---

[1] In una lettera di fine settembre 1925, indirizzata a Melchor Fernández
Almagro, Lorca afferma che per la prima volta scrive della poesia erotica.
[2] La gru dorme ritta su una zampa sola; lo spavento le fa poggiare l'altra.

₅ Los azabaches recónditos
oscurecen tus magnolias.

Aquí estoy, Lucía Martínez.
Vengo a consumir tu boca
y arrastrarte del cabello
₁₀ en madrugada de conchas.

Porque quiero, y porque puedo.
Umbría de seda roja.

LA SOLTERA EN MISA

Bajo el Moisés del incienso,
adormecida.

Ojos de toro te miraban.
Tu rosario llovía.

₅ Con ese traje de profunda seda,
no te muevas, Virginia.

Da los negros melones de tus pechos
al rumor de la misa.

INTERIOR

Ni quiero ser poeta,
ni galante.
¡Sábanas blancas donde te desmayes!

124

5 I giaietti reconditi
oscurano le tue magnolie.

Eccomi qui, Lucía Martínez.
Vengo a consumarti la bocca
e a trascinarti per la chioma
10 in un'aurora di conchiglie.

Perché voglio, e perché posso.
Ombrosa di seta rossa.

LA ZITELLA A MESSA

Sotto il Mosè dell'incenso,
assopita.

Occhi di toro ti guardavano.
Pioveva il tuo rosario.

5 Con quel vestito di profonda seta,
non muoverti, Virginia.[1]

Dona i neri meloni dei tuoi seni
al brusio della messa.

INTERNO

Non voglio essere né poeta,
né galante.
Lenzuola bianche perché tu ci svenga!

[1] Il nome allude alla condizione di zitella.

No conoces el sueño
5 ni el resplandor del día.
Como los calamares,
ciegas desnuda en tinta de perfume.
Carmen.

NU

Bajo la adelfa sin luna
estabas fea desnuda.

Tu carne buscó en mi mapa
el amarillo de España.

5 Qué fea estabas, francesa,
en lo amargo de la adelfa.

Roja y verde, eché a tu cuerpo
la capa de mi talento.

Verde y roja, roja y verde.
10 ¡Aquí somos otra gente!

SERENATA
(Homenaje a Lope de Vega)

Por las orillas del río
se está la noche mojando

Tu non conosci il sonno
né il fulgore del giorno.
Come le seppie,
con inchiostro di effluvi acciechi nuda.
Carmen.

NU

Sotto l'oleandro senza luna
com'eri brutta nuda.

La tua carne cercò sul mio atlante
il giallo della Spagna.

Francese, com'eri sgraziata
nell'amarezza dell'oleandro.

Rossa e verde, il tuo corpo l'ho coperto
con la cappa del mio talento.

Verde e rossa, rossa e verde.
Qui noialtri siamo diversi!

SERENATA[1]
(Omaggio a Lope de Vega)

Lungo le rive del fiume
la notte si sta bagnando

---

[1] Questa canzone si ritrova, con poche varianti di punteggiatura, nel terzo quadro della farsa *Amore di don Perlimplino con Belisa nel suo giardino*, definita da Lorca «filastrocca erotica».

y en los pechos de Lolita
se mueren de amor los ramos.

5 Se mueren de amor los ramos.

La noche canta desnuda
sobre los puentes de Marzo.
Lolita lava su cuerpo
con agua salobre y nardos.

10 Se mueren de amor los ramos.

La noche de anís y plata
relumbra por los tejados.
Plata de arroyos y espejos.
Anís de tus muslos blancos.

15 Se mueren de amor los ramos.

EN MÁLAGA

Suntuosa Leonarda.
Carne pontifical y traje blanco,
en las barandas de «Villa Leonarda».
Expuesta a los tranvías y a los barcos.
5 Negros torsos bañistas oscurecen
la ribera del mar. Oscilando
– concha y loto a la vez –
viene tu culo
de Ceres en retórica de mármol.

e sui seni di Lolita
muoiono d'amore i rami.

5 Muoiono d'amore i rami.

La notte nuda
canta sui ponti di marzo.
Lolita lava il suo corpo
con acqua salmastra e nardi.

10 Muoiono d'amore i rami.

Luccica in alto sui tetti
la notte d'argento e d'anice.
Argento di rivi e specchi.
Anice di cosce candide.

15 Muoiono d'amore i rami.

A MALAGA

Sontuosa Leonarda.
Carne pontificale e veste bianca,
alle balaustre di «Villa Leonarda».
Esposta ai bastimenti e ai tramvai.
5 Neri torsi bagnanti fanno scura
la riva del mare. Oscillando
– conchiglia e loto insieme –
giunge il tuo culo
di Cerere in retorica di marmo.

ESCENA

Altas torres.
Largos ríos.

Hada
Toma el anillo de bodas
que llevaron tus abuelos.
5 Cien manos, bajo la tierra,
lo están echando de menos.

Yo
Voy a sentir en mis manos
una inmensa flor de dedos
y el símbolo del anillo.
10 No lo quiero.

Altas torres.
Largos ríos.

TRANSMONDO[1]

SCENA

Alte torri.
Lunghi fiumi.

Fata
Prendi l'anello nuziale
che portarono i tuoi avi.
5 Sotto terra, cento mani
lo stanno rimpiangendo.

Io
Nelle mani sentirò
un fiore di dita immenso
e il simbolo dell'anello.
10 Non lo voglio.

Alte torri.
Lunghi fiumi.

---

[1] In spagnolo esiste l'aggettivo *transmundano* (fuori dal mondo); *trasmundo* è un neologismo che, oltre al significato dell'aggettivo, sembra indicare ciò che sta dietro le apparenze del mondo.

MALESTAR Y NOCHE

Abejaruco.
En tus árboles oscuros.
Noche de cielo balbuciente
y aire tartamudo.

5 Tres borrachos eternizan
sus gestos de vino y luto.
Los astros de plomo giran
sobre un pie.
            Abejaruco.
En tus árboles oscuros.

10 Dolor de sien oprimida
con guirnalda de minutos.
¿Y tu silencio? Los tres
borrachos cantan desnudos.
Pespunte de seda virgen
15 tu canción.
          Abejaruco.
Uco uco uco uco.
            Abejaruco.

EL NIÑO MUDO

El niño busca su voz.
(La tenía el rey de los grillos.)
En una gota de agua
buscaba su voz el niño.

MALESSERE E NOTTE

Gruccione.[1]
Sui tuoi alberi scuri.
Notte di cielo balbuziente
e di aria che farfuglia.

5 Tre ubriachi rendono eterni
gesti di vino e di lutto.
Ruotano gli astri di piombo
sopra un piede.
     E tu, gruccione.
Sui tuoi alberi scuri.

10 Dolore di tempie oppresse
con ghirlanda di minuti.
E il tuo silenzio? Quei tre
ubriachi cantano nudi.
Trapunto di seta vergine
15 la tua canzone.
     Gruccione.
Gru gru gru gru.
     Gruccione.

IL BAMBINO MUTO

Il bambino cerca la sua voce.
(L'aveva il re dei grilli.)
In una goccia d'acqua
cercava la sua voce il bambino.

---

[1] Detto anche vespiere, è un uccello dal lungo becco ricurvo e dal piumaggio
a colori vivaci, particolarmente ghiotto di api.

5 No la quiero para hablar;
me haré con ella un anillo
que llevará mi silencio
en su dedo pequeñito.

En una gota de agua
10 buscaba su voz el niño.

(La voz cautiva, a lo lejos,
se ponía un traje de grillo.)

EL NIÑO LOCO

Yo decía: «Tarde».
Pero no era así.
La tarde era otra cosa
que ya se había marchado.

5 (Y la luz encogía
sus hombros como una niña.)

«Tarde.» ¡Pero es inútil!
Ésta es falsa, ésta tiene
media luna de plomo.
10 La otra no vendrá nunca.

(Y la luz como la ven todos,
jugaba a la estatua con el niño loco.)

Aquélla era pequeña
y comía granadas.
15 Ésta es grandota y verde, yo no puedo
tomarla en brazos ni vestirla.
¿No vendrá? ¿Cómo era?

134

5 Non la voglio per parlare;
farò con essa un anello
che porterà il mio silenzio
al suo dito più piccino.

In una goccia d'acqua
10 cercava la sua voce il bambino.

(Lontano, la voce prigioniera
si metteva un abito di grillo.)

IL BAMBINO PAZZO

Io dicevo: «Sera».
Ma così non era.
La sera era un'altra cosa
che se ne era già andata.

5 (E la luce stringeva
le spalle come una bambina.)

«Sera.» Ma invano!
Questa è falsa, questa ha
mezza luna di piombo.
10 L'altra non verrà mai.

(E la luce che vedono tutti quanti,
giocava a far la statua con il bambino pazzo.)

Quella era piccolina
e mangiava melagrane.
15 Questa è già grossa e verde, io non posso
prenderla in braccio né vestirla.
Non verrà? Com'era?

(Y la luz que se iba, dio una broma.
Separó al niño loco de su sombra.)

DESPOSORIO

Tirad ese anillo
al agua.

(La sombra apoya sus dedos
sobre mi espalda.)

5 Tirad ese anillo. Tengo
más de cien años. ¡Silencio!

¡No preguntadme nada!

Tirad ese anillo
al agua.

DESPEDIDA

Si muero,
dejad el balcón abierto.

El niño come naranjas.
(Desde mi balcón lo veo.)

5 El segador siega el trigo.
(Desde mi balcón lo siento.)

¡Si muero,
dejad el balcón abierto!

136

(E la luce partì con uno scherzo.
Tolse al bambino pazzo la sua ombra.)

SPOSALIZIO

Gettate quest'anello
nell'acqua.

(L'ombra poggia le sue dita
sulla mia spalla.)

5 Gettate quest'anello.
Ho più di cent'anni. Silenzio!

Non chiedetemi nulla!

Gettate quest'anello
nell'acqua.

CONGEDO

Se muoio,
lasciate il balcone aperto.

Il bambino mangia arance.
(Dal mio balcone lo vedo.)

5 Miete il grano il mietitore.
(Dal mio balcone lo sento.)

Se muoio,
lasciate il balcone aperto!

SUICIDIO
(*Quizás fue por no saberte la geometría*)

El jovencillo se olvidaba.
Eran las diez de la mañana.

Su corazón se iba llenando,
de alas rotas y flores de trapo.

5 Notó que ya no le quedaba
en la boca más que una palabra.

Y al quitarse los guantes, caía,
de sus manos, suave ceniza.

Por el balcón se veía una torre.
10 El se sintió balcón y torre.

Vio, sin duda, cómo le miraba
el reloj detenido en su caja.

Vio su sombra tendida y quieta,
en el blanco diván de seda.

15 Y el joven rígido, geométrico,
con un hacha rompió el espejo.

Al romperlo, un gran chorro de sombra,
inundó la quimérica alcoba.

SUICIDIO
(Forse è stato perché non sapevi la geometria)

Il giovinetto dimenticava.
Erano le dieci del mattino.

Il suo cuore si stava riempiendo,
di ali rotte e di fiori di cenci.

Notò che ormai non gli rimaneva
in bocca che una sola parola.

E, togliendosi i guanti, cadeva,
dalle sue mani, cenere dolce.

Dal balcone una torre scorgeva.
Egli si sentì balcone e torre.

Vide, senz'altro, che lo osservava
l'orologio fermo nella cassa.

Vide la sua ombra stesa e quieta
sopra il bianco divano di seta.

E il giovane rigido, geometrico,
con un'ascia distrusse lo specchio.

Nel romperlo, un grande fiotto d'ombra
inondò la chimerica alcova.

PRIMO ROMANCERO GITANO[1]

PRIMER ROMANCERO GITANO
1928

TRADUZIONE E NOTE
DI LORENZO BLINI

[1] Nella letteratura spagnola, il *romance* è un componimento di carattere epico-lirico, composto di ottosillabi con assonanza nei versi pari, presente fin dal XIV secolo. Le origini di queste composizioni vanno ricercate nella frammentazione dei cantari epici recitati dai giullari, di cui il popolo tratteneva nella memoria e tramandava oralmente le parti che maggiormente colpivano l'immaginazione collettiva. In seguito, alla fine del XV secolo, si cominciò a stampare i *romances* su fogli volanti, mentre nel XVI secolo iniziarono ad apparire le prime raccolte, i *romanceros*. Coltivato dai grandi autori del Secolo d'oro spagnolo, riscoperto dal romanticismo e ampiamente utilizzato nel Novecento, il *romance* è una presenza costante nella storia letteraria spagnola e ne costituisce forse la forma più caratteristica e rappresentativa.

La prima edizione del *Romancero gitano* è datata 1928 (Revista de Occidente, Madrid). Il testo a fronte è tratto dall'edizione curata da Christian de Paepe, Espasa-Calpe, Madrid 1991, che segue il testo della prima edizione.

ROMANCE DE LA LUNA, LUNA

La luna vino a la fragua
con su polisón de nardos.
El niño la mira mira.
El niño la está mirando.
5 En el aire conmovido
mueve la luna sus brazos
y enseña, lúbrica y pura,
sus senos de duro estaño.
Huye luna, luna, luna.
10 Si vinieran los gitanos,
harían con tu corazón
collares y anillos blancos.
Niño, déjame que baile.
Cuando vengan los gitanos,
15 te encontrarán sobre el yunque
con los ojillos cerrados.
Huye luna, luna, luna,
que ya siento sus caballos.
Niño, déjame, no pises
20 mi blancor almidonado.

El jinete se acercaba
tocando el tambor del llano.

142

ROMANCE DELLA LUNA, LUNA

La luna è giunta alla forgia[1]
in crinolina di nardi.
Il bimbo la guarda guarda.
Il bimbo la sta guardando.
Nel turbamento dell'aria
muove la luna le braccia
e mostra, lubrica e pura,
i seni di duro stagno.
Fuggi luna, luna, luna.
Se venissero i gitani,
farebbero col tuo cuore
collane e anelli bianchi.
Bimbo, lasciami ballare.
Quando verranno i gitani,
tu giacerai sull'incudine
come fossi addormentato.
Fuggi luna, luna, luna,
sento già i loro cavalli.
Bimbo, attento, non pestarmi
quest'albore inamidato.

Il cavaliere giungeva
sulla pianura, rullando.

[1] L'attività di fabbro è uno dei mestieri tradizionali del mondo gitano.

Dentro de la fragua el niño,
tiene los ojos cerrados.
25 Por el olivar venían,
bronce y sueño, los gitanos.
Las cabezas levantadas
y los ojos entornados.

Cómo canta la zumaya,
30 ¡ay cómo canta en el árbol!
Por el cielo va la luna
con un niño de la mano.

Dentro de la fragua lloran,
dando gritos, los gitanos.
35 El aire la vela, vela.
El aire la está velando.

PRECIOSA Y EL AIRE

Se luna de pergamino
Preciosa tocando viene,
por un anfibio sendero
de cristales y laureles.
5 El silencio sin estrellas,
huyendo del sonsonete,
cae donde el mar bate y canta
su noche llena de peces.
En los picos de la sierra
10 los carabineros duermen

Dentro la forgia il bambino,
giace come addormentato.
25 Venivano tra gli olivi,
bronzo e sogno, i gitani.
Con le palpebre socchiuse
e le teste sollevate.

Come canta il barbagianni,
30 ah come canta sull'albero!
Vola nel cielo la luna
con un bambino per mano.

Piangono dentro la forgia,
lanciando grida, i gitani.
35 Il vento la veglia, veglia.
Il vento la sta vegliando.

PRECIOSA E IL VENTO[1]

La luna di pergamena[2]
Preciosa suonando viene,
lungo i cristalli e gli allori
di un anfibio sentiero.
5 Il silenzio senza stelle,
sfuggendo a quelle cadenze,
va dove il mare urta e canta
la notte piena di pesci.
Sulle cime della sierra
10 dormono i carabinieri

[1] Datato nel manoscritto 28 gennaio 1926. Le origini letterarie del personaggio di Preciosa vanno ricercate nella novella di Miguel de Cervantes, *La gitanilla*, di cui Preciosa è la virtuosissima protagonista.
[2] Luna di pergamena: metafora per cembalo.

guardando las blancas torres
donde viven los ingleses.
Y los gitanos del agua
levantan por distraerse,
15 glorietas de caracolas
y ramas de pino verde.

*

Su luna de pergamino
Preciosa tocando viene.
Al verla se ha levantado
20 el viento, que nunca duerme.
San Cristobalón desnudo,
lleno de lenguas celestes,
mira a la niña tocando
una dulce gaita ausente.

25 Niña, deja que levante
tu vestido para verte.
Abre en mis dedos antiguos
la rosa azul de tu vientre.
Preciosa tira el pandero
30 y corre sin detenerse.
El viento-hombrón la persigue
con una espada caliente.

Frunce su rumor el mar.
Los olivos palidecen.
35 Cantan las flautas de umbría
y el liso gong de la nieve.

146

sorvegliando bianche torri
dove vivono gli inglesi.[1]
E i gitani delle acque
fanno per divertimento,
15 padiglioni di conchiglie
con rami di pino verde.

*

La luna di pergamena
Preciosa suonando viene.
Vedendola si è levato
20 il vento, che veglia sempre.
E San Cristoforo[2] nudo,
pieno di lingue celesti,
se la guarda mentre suona
una dolce piva assente.

25 Bella, lascia che sollevi
la tua veste per vederti.
Apri a queste dita antiche
la rosa blu del tuo ventre.
Getta il cembalo Preciosa
30 e fugge velocemente.
La rincorre il vento-omone
con una spada rovente.

Corruga il suo suono il mare.
Si sbiancano gli oliveti.
35 Cantano i flauti dell'ombra
e il liscio gong della neve.

[1] Verso la fine dell'Ottocento, a causa delle nuove possibilità di sfruttamento economico, molti britannici si erano trasferiti in Andalusia.
[2] Il Santo, che nella tradizione popolare spagnola è associato all'immagine di un uomo grande e muscoloso, appare qui come personificazione del vento.

¡Preciosa, corre, Preciosa,
que te coge el viento verde!
¡Preciosa, corre, Preciosa!
40 ¡Míralo por dónde viene!
Sátiro de estrellas bajas
con sus lenguas relucientes.

*

Preciosa, llena de miedo,
entra en la casa que tiene
45 más arriba de los pinos,
el cónsul de los ingleses.

Asustados por los gritos
tres carabineros vienen,
sus negras capas ceñidas
50 y los gorros en las sienes.

El inglés da a la gitana
un vaso de tibia leche,
y una copa de ginebra
que Preciosa no se bebe.

55 Y mientras cuenta, llorando,
su aventura a acquella gente,
en las tejas de pizarra
el viento, furioso, muerde.

Preciosa, corri, Preciosa,
che ti prende il vento verde![1]
Preciosa, corri, Preciosa!
40 Guardalo da dove viene!
Satiro di stelle basse
con le sue lingue lucenti.

*

Preciosa entra, atterrita,
nella casa che possiede
45 più in alto della pineta,
il console degli inglesi.

Allarmati dalle grida
ecco tre carabinieri,
le nere cappe allacciate
50 e i berretti sulle tempie.

Latte caldo in una tazza
dà alla gitana l'inglese,
con un bicchiere di gin
che Preciosa non accetta.

55 E mentre piange e racconta
l'avventura a quella gente,
le tegole di lavagna
il vento morde furente.

---

[1] Oltre a denotare il colore, l'aggettivo *verde* ha in spagnolo alcune connota-
zioni legate alla lussuria e all'oscenità: viene impiegato infatti per indicare perso-
ne non più giovani che hanno inclinazioni amorose inadatte alla loro età, o
soggetti osceni o scabrosi (*chiste verde* significa barzelletta sporca).

REYERTA

En la mitad del barranco
las navajas de Albacete
bellas de sangre contraria,
relucen como los peces.
5 Una dura luz de naipe
recorta en el agrio verde,
caballos enfurecidos
y perfiles de jinetes.
En la copa de un olivo
10 lloran dos viejas mujeres.
El toro de la reyerta
se sube por las paredes.
Ángeles negros traían
pañuelos y agua de nieve.
15 Ángeles con grandes alas
de navajas de Albacete.
Juan Antonio el de Montilla
rueda muerto la pendiente,
su cuerpo lleno de lirios
20 y una granada en las sienes.
Ahora monta cruz de fuego
carretera de la muerte.

*

El juez, con guardia civil,
por los olivares viene.
25 Sangre resbalada gime
muda canción de serpiente.

RISSA

Nel mezzo del precipizio
i coltelli di Albacete,[1]
belli di sangue nemico,
risplendono come i pesci.
5 La dura luce di carte
ritaglia nell'aspro verde,
cavalcature furiose,
profili di cavalieri.
Nella chioma di un olivo
10 piangono due donne vecchie.
Mentre il toro della rissa
monta su tutte le furie.
Angeli neri portavano
pezzuole e acqua di neve.
15 Angeli con grandi ali
di coltelli di Albacete.
Juan Antonio di Montilla[2]
cade morto per la china,
il corpo cosparso d'iris,
20 melagrane sulle tempie.
Ora, in viaggio per la morte,
cavalca una croce ardente.

*

Giudice e guardia civile
vengono tra gli oliveti.
25 Il sangue colato geme
muta canzone di serpe.

---

[1] Città della Spagna, all'estremità orientale della Mancia, rinomata per la fabbricazione di pugnali e coltelli. In particolare, la *navaja* è il coltello a serramanico che costituisce l'arma tradizionale dei gitani.
[2] Montilla è un centro della provincia di Cordova.

Señores guardias civiles:
aquí pasó lo de siempre.
Han muerto cuatro romanos
30 y cinco cartagineses.

*

La tarde loca de higueras
y de rumores calientes,
cae desmayada en los muslos
heridos de los jinetes.
35 Y ángeles negros volaban
por el aire del poniente.
Ángeles de largas trenzas
y corazones de aceite.

ROMANCE SONÁMBULO

Verde que te quiero verde.
Verde viento. Verdes ramas.
El barco sobre la mar
y el caballo en la montaña.
5 Con la sombra en la cintura,
ella sueña en su baranda
verde carne, pelo verde,
con ojos de fría plata.
Verde que te quiero verde.
10 Bajo la luna gitana,
las cosas la están mirando

Signori guardie civili:
la stessa storia di sempre.
Muoiono quattro romani
30 e cinque cartaginesi.[1]

*

La sera folle di fichi
e di rumori cocenti,
svenuta ammanta le cosce
ferite dei cavalieri.
35 E angeli neri volavano
con il vento del ponente.
Angeli dai cuori d'olio,
angeli con lunghe trecce.

ROMANCE SONNAMBULO

Verde io ti voglio verde.
Verde vento. Verdi rami.
La barca in mezzo al mare
e il cavallo in montagna.
5 Con l'ombra intorno alla vita,
lei sogna alla balaustrata
verde carne, chioma verde,
occhi d'argento gelato.
Verde io ti voglio verde.
10 Sotto la luna gitana,
le cose stanno a guardarla

---

[1] Possibile riferimento alle lotte tra Roma e Cartagine per il dominio dell'Andalusia (III secolo a.C.). Daniel Devoto spiega i due versi come un ricordo di gioventù: nei collegi religiosi si usava stimolare lo spirito di emulazione schierando gli alunni in due squadre, i romani e i cartaginesi (*Introducción a «Diván del Tamarit»*, cit.).

y ella no puede mirarlas.

*

Verde que te quiero verde.
Grandes estrellas de escarcha,
15 vienen con el pez de sombra
que abre el camino del alba.
La higuera frota su viento
con la lija de sus ramas,
y el monte, gato garduño,
20 eriza sus pitas agrias.
¿Pero quién vendrá? ¿Y por dónde?...
Ella sigue en su baranda
verde carne, pelo verde,
soñando en la mar amarga.

*

25 Compadre, quiero cambiar,
mi caballo por su casa,
mi montura por su espejo,
mi cuchillo por su manta.
Compadre, vengo sangrando,
30 desde los puertos de Cabra.
Si yo pudiera, mocito,
este trato se cerraba.
Pero yo ya no soy yo,
ni mi casa es ya mi casa.
35 Compadre, quiero morir
decentemente en mi cama.
De acero, si puede ser,
con las sábanas de holanda.

e lei non le può guardare.

*

Verde io ti voglio verde.
Le grandi stelle di brina,
vengono col pesce d'ombra
che apre il cammino dell'alba.
Il fico strofina il vento
con la raspa dei suoi rami,
e il monte, gatto selvatico,
rizza le sue agavi agre.
Ma chi verrà? E da dove?...
Lei resta alla balaustrata,
verde carne, chioma verde,
a sognare il mare amaro.

*

Compare, voglio scambiare
il cavallo con la casa,
la sella con la specchiera,
il coltello col guanciale.
Compare, sto sanguinando,
vengo dai passi di Cabra.[1]
Se io potevo, figliolo,
si faceva questo affare.
Ma io non sono più io,
né è più mia la mia casa.
Compare, voglio morire
con decenza nel mio letto.
Se è possibile, d'acciaio,
con le lenzuola di olanda.

[1] Nella parte meridionale della provincia di Cordova, zona un tempo fre-
quentata da contrabbandieri e banditi.

¿No ves la herida que tengo
40 desde el pecho a la garganta?
Trescientas rosas morenas
lleva tu pechera blanca.
Tu sangre rezuma y huele
alrededor de tu faja.
45 Pero yo ya no soy yo.
Ni mi casa es ya mi casa.
Dejadme subir al menos
hasta las altas barandas,
¡dejadme subir!, dejadme
50 hasta las verdes barandas.
Barandales de la luna,
por donde retumba el agua.

*

Ya suben los dos compadres
hacia las altas barandas.
55 Dejando un rastro de sangre.
Dejando un rastro de lágrimas.
Temblaban en los tejados
farolillos de hojalata.
Mil panderos de cristal,
60 herían la madrugada.

*

Verde que te quiero verde,
verde viento, verdes ramas.
Los dos compadres subieron.
El largo viento, dejaba
65 en la boca un raro gusto
de hiel, de menta y de albahaca.
¡Compadre! ¿Dónde está, dime?
¿Dónde está tu niña amarga?

156

Non vedi la mia ferita
40 dal petto fino alla gola?
Hai trecento rose brune
sopra il tuo sparato bianco.
Trasuda il sangue e odora
dal bordo della tua fascia.
45 Ma io non sono più io.
Né è più mia la mia casa.
Fatemi salire almeno
fino alle alte balaustrate,
sì, lasciatemi salire!,
50 alle verdi balaustrate.
Balaustrate della luna,
là dove rimbomba l'acqua.

*

Salgono ora i due compari
verso le alte balaustrate.
55 Lasciando un filo di sangue.
Lasciando un filo di lacrime.
Tremavano sopra i tetti
i lampioncini di latta.
I cembali di cristallo,
60 ferivano a mille l'alba.

*

Verde io ti voglio verde,
verde vento, verdi rami.
I due compari salirono.
Il lungo vento, lasciava
65 nella bocca un gusto strano
di fiele, menta e basilico.
Compare! Dimmi, dov'è?
Dov'è la tua figlia amara?

¡Cuántas veces te esperó!
70 ¡Cuántas veces te esperara
cara fresca, negro pelo,
en esta verde baranda!

*

Sobre el rostro del aljibe,
se mecía la gitana.
75 Verde carne, pelo verde,
con ojos de fría plata.
Un carámbano de luna,
la sostiene sobre el agua.
La noche se puso íntima
80 como una pequeña plaza.
Guardias civiles borrachos,
en la puerta golpeaban.
Verde que te quiero verde.
Verde viento. Verdes ramas.
85 El barco sobre la mar.
Y el caballo en la montaña.

ROMANCE DE LA GUARDIA CIVIL ESPAÑOLA

Los caballos negros son.
Las herraduras son negras.
Sobre las capas relucen
manchas de tinta y de cera.
5 Tienen, por eso no lloran,
de plomo las calaveras.
Con el alma de charol
vienen por la carretera.
Jorobados y nocturnos,
10 por donde animan ordenan

158

Quante volte ti ha aspettato!
Quante volte ti aspettava
viso fresco, nera chioma,
alla verde balaustrata!

*

Sul volto della cisterna,
si cullava la gitana.
Verde carne, chioma verde,
occhi d'argento gelato.
Un ghiacciolo della luna,
la sta reggendo sull'acqua.
La notte si è fatta intima
come una piccola piazza.
Battevano sulla porta
guardie civili ubriache.
Verde io ti voglio verde.
Verde vento. Verdi rami.
La barca in mezzo al mare.
E il cavallo in montagna.

ROMANCE DELLA GUARDIA CIVILE SPAGNOLA

I cavalli neri sono.
Sono neri i loro ferri.
Macchie d'inchiostro e di cera
risplendono sui mantelli.
Hanno, per questo non piangono,
di piombo le ossa dei teschi.
Con l'anima di vernice
vengono lungo la strada.
Ingobbiti e notturni,
dovunque stanno decretano

silencios de goma oscura
y miedos de fina arena.
Pasan, si quieren pasar,
y ocultan en la cabeza
15 una vaga astronomía
de pistolas inconcretas.

*

¡Oh ciudad de los gitanos!
En las esquinas banderas.
La luna y la calabaza
20 con las guindas en conserva.
¡Oh ciudad de los gitanos!
¿Quién te vio y no te recuerda?
Ciudad de dolor y almizcle
con las torres de canela.

*

25 Cuando llegaba la noche
noche que noche nochera,
los gitanos en sus fraguas
forjaban soles y flechas.
Un caballo malherido,
30 llamaba a todas las puertas.
Gallos de vidrio cantaban
por Jerez de la Frontera.
El viento, vuelve desnudo
la esquina de la sorpresa,
35 en la noche platinoche

silenzi di gomma oscura
e angosce di fine arena.
Vanno, se vogliono andare,
e occultano nella testa
15 una vaga astronomia
di revolver inconcreti.

*

Oh paese dei gitani!
In ogni angolo bandiere.
La zucca insieme alla luna
20 e le amarene in conserva.
Oh paese dei gitani!
Chi ti ha visto e ti dimentica?
Città di dolore e muschio[1]
con le torri di cannella.

*

25 Quando calava la notte
notte che notte notturna,
gitani nelle fucine
forgiavano soli e frecce.
Un cavallo agonizzante,
30 bussava a tutte le porte.
Galli di vetro cantavano
a Jerez de la Frontera.[2]
Il vento, ha svoltato nudo
l'angolo della sorpresa,
35 nella notte argentinotte

---

[1] Il termine è qui impiegato nella sua prima accezione, corrispondente a una
sostanza aromatica prodotta dalle ghiandole odorifere di alcuni mammiferi,
usata in profumeria.
[2] Città dell'Andalusia, in provincia di Cadice.

161

noche, que noche nochera.

*

La Virgen y San José
perdieron sus castañuelas,
y buscan a los gitanos
40 para ver si las encuentran.
La Virgen viene vestida
con un traje de alcaldesa
de papel de chocolate
con los collares de almendras.
45 San José mueve los brazos
bajo una capa de seda.
Detrás va Pedro Domecq
con tres sultanes de Persia.
La media luna, soñaba
50 un éxtasis de cigüeña.
Estandartes y faroles
invaden las azoteas.
Por los espejos sollozan
bailarinas sin caderas.
55 Agua y sombra, sombra y agua
por Jerez de la Frontera.

*

¡Oh ciudad de los gitanos!
En las esquinas banderas.
Apaga tus verdes luces
60 que viene la benemérita.

notte, che notte notturna.

*

La Vergine e San Giuseppe
hanno perduto le nacchere,
e ora cercano i gitani
40 per vedere di trovarle.
Viene vestita la Vergine
come la moglie di un sindaco,
con carta di cioccolata
e le collane di mandorle.
45 Giuseppe muove le braccia
sotto un mantello di seta.
Lo segue Pedro Domecq[1]
con tre sultani di Persia.
La mezzaluna, sognava
50 un'estasi di cicogna.
Le terrazze sono piene
di stendardi e di lanterne.
Ballerine senza fianchi
singhiozzano negli specchi.
55 Acqua e ombra, ombra e acqua
a Jerez de la Frontera.

*

Oh paese dei gitani!
In ogni angolo bandiere.
Spegni le tue verdi luci
60 ché arriva la benemerita.[2]

---

[1] Proprietario terriero andaluso, produttore di vini e allevatore di tori. Lorca
disse di averlo incluso nel *romance* perché aveva visto spesso bottiglie di brandy
con l'etichetta «Pedro Domecq» in occasione di feste gitane.
[2] Come in Italia l'Arma dei carabinieri, in Spagna la Guardia civile è detta *la
Benemérita*.

¡Oh ciudad de los gitanos!
¿Quién te vio y no te recuerda?
Dejadla lejos del mar
sin peines para sus crenchas.

*

65 Avanzan de dos en fondo
a la ciudad de la fiesta.
Un rumor de siemprevivas,
invade las cartucheras.
Avanzan de dos en fondo.
70 Doble nocturno de tela.
El cielo, se les antoja,
una vitrina de espuelas.
La ciudad libre de miedo,
multiplicaba sus puertas.
75 Cuarenta guardias civiles
entran a saco por ellas.
Los relojes se pararon,
y el coñac de las botellas
se disfrazó de noviembre
80 para no infundir sospechas.
Un vuelo de gritos largos
se levantó en las veletas.
Los sables cortan las brisas
que los cascos atropellan.
85 Por las calles de penumbra,
huyen las gitanas viejas
con los caballos dormidos
y las orzas de moneda.
Por las calles empinadas
90 suben las capas siniestras,
dejando atrás fugaces
remolinos de tijeras.

Oh paese dei gitani!
Chi ti ha visto e ti dimentica?
Tienti lontano dal mare
senza riga tra i capelli.

*

55 Avanzano a due a due
sulla città della festa.
Un brusio di semprevivi,
invade le cartuccere.
Avanzano a due a due.
60 Doppio notturno di tela.
Il cielo ai loro occhi appare
una teca di speroni.
La città libera d'ansia,
moltiplicava le porte.
65 Quaranta guardie civili
vi entrano per il saccheggio.
Gli orologi si fermarono,
e il cognac delle bottiglie
si travestì da novembre
70 per non destare sospetti.
Un volo di lunghe grida
si levò nei segnavento.
Sciabole tagliano brezze
che gli zoccoli calpestano.
75 Per le strade di penombra,
fuggono gitane vecchie
coi cavalli addormentati
e le giare di monete.
Su per le strade in salita
80 vanno i sinistri mantelli,
lasciando dietro fugaci
mulinelli di cesoie.

En el portal de Belén,
los gitanos se congregan.
95 San José, lleno de heridas,
amortaja a una doncella.
Tercos fusiles agudos
por toda la noche suenan.
La Virgen cura a los niños
100 con salivilla de estrella.
Pero la Guardia Civil
avanza sembrando hogueras,
donde joven y desnuda
la imaginación se quema.
105 Rosa la de los Camborios,
gime sentada en su puerta
con sus dos pechos cortados
puestos en una bandeja.
Y otras muchachas corrían
110 perseguidas por sus trenzas,
en un aire donde estallan
rosas de pólvora negra.
Cuando todos los tejados
eran surcos en la tierra,
115 el alba meció sus hombros
en largo perfil de piedra.

*

¡Oh ciudad de los gitanos!
La Guardia Civil se aleja
por un túnel de silencio
120 mientras las llamas te cercan.
¡Oh ciudad de los gitanos!
¿Quién te vio y no te recuerda?
Que te busquen en mi frente.
Juego de luna y arena.

Al portale di Betlemme,
si radunano i gitani.
95 San Giuseppe, crivellato,
copre una fanciulla morta.
Caparbi fucili acuti
suonano la notte intera.
Cura i bambini la Vergine
100 con la bava delle stelle.
Però la Guardia civile
avanza e semina incendi,
dove giovane e ignuda
l'immaginazione brucia.
105 Rosa quella dei Camborio,
geme seduta alla porta
con i due seni recisi
adagiati su un vassoio.
E altre ragazze correvano
110 inseguite dalle trecce,
in un'aria dove esplodono
rose di polvere nera.
Quando i tetti delle case
erano solchi per terra,
115 l'alba scosse le sue spalle,
lungo profilo di pietra.

*

Oh paese dei gitani!
In un tunnel di silenzio
parte la Guardia civile
20 mentre le fiamme ti accerchiano.
Oh paese dei gitani!
Chi ti ha visto e ti dimentica?
Sulla mia fronte ti cerchino.
Gioco di luna e arena.

ODI[1]

ODAS

TRADUZIONE E NOTE
DI RENATO BRUNO

[1] In una lettera del 1936 Lorca annunciava la pubblicazione di un libro di *Odi*, indicato come già finito in un'intervista del 1930. Escludendo le odi incluse in *Poeta a New York*, si conoscono tre odi complete e frammenti di altre tre; il periodo di composizione va dal 1926 al 1928. Il testo originale adottato qui è quello a cura di Arturo del Hoyo in *Obras completas*, Aguilar, Madrid 1986.

SOLEDAD

Homenaje a Fray Luis de León

Difícil delgadez:
¿Busca el mundo una blanca,
total, perenne ausencia?
Jorge Guillén

Soledad pensativa
sobre piedra y rosal, muerte y desvelo
donde libre y cautiva,
fija en su blanco vuelo,
5   canta la luz herida por el hielo.

Soledad con estilo
de silencio sin fin y arquitectura,
donde la planta en vilo
del ave en la espesura
10 no consigue clavar tu carne oscura.

En tí dejo olvidada
la frenética lluvia de mis venas,
mi cintura cuajada:
y rompiendo cadenas,
15 rosa débil seré por las arenas.
Rosa de mi desnudo

---

[1] Fray Luis de León (1527-1591), grande umanista e poeta, è una delle figure
più importanti della letteratura spagnola. In questo componimento Lorca adotta
una forma strofica di origine italiana, usata da Fray Luis de León nelle sue odi:
la *lira*, composta da cinque versi (tre eptasillabi e due endecasillabi) con rime in
aBabB.

SOLITUDINE
Omaggio a Fray Luis de León[1]

Difficile sottigliezza:
il mondo cerca una bianca,
totale, eterna assenza?
Jorge Guillén[2]

Solitudine pensosa
sopra pietra e roseto, morte e veglia
dove libera e presa,
fissa nel bianco volo,
5 canta la luce ferita dal gelo.

Solitudine in stile
di silenzio infinito e di struttura,
dove la pianta[3] in bilico
d'uccello nell'intrico
10 non sa inchiodare la tua carne oscura.

In te lascio scordata
la frenetica pioggia delle vene,
la cintura cagliata:
e spezzando catene,
15 sarò debole rosa sulla rena.
La rosa del mio nudo

---

[2] Versi 19-21 del componimento «Noche de luna» («Notte di luna»), tratto da *Cántico*.

[3] Secondo A. Belamich nel manoscritto c'è *flauta* (flauto) e non *planta* che invece compare nel testo pubblicato sulla rivista «Carmen», nn. 3-4, Santander, marzo 1928.

171

sobre paños de cal y sordo fuego,
cuando roto ya el nudo,
limpio de luna, y ciego,
20 cruce tus finas ondas de sosiego.

En la curva del río
el doble cisne su blancura canta.
Húmeda voz sin frío
fluye de su garganta,
25 y por los juncos rueda y se levanta.

Con su rosa de harina
niño desnudo mide la ribera,
mientras el bosque afina
su música primera
30 en rumor de cristales y madera.

Coros de siemprevivas
giran locos pidiendo eternidades.
Sus señas expresivas
hieren las dos mitades
35 del mapa que rezuma soledades.

El arpa y su lamento
prendido en nervios de metal dorado,
tanto dulce instrumento
resonante o delgado,
40 buscan, ¡oh soledad!, tu reino helado.

Mientras tú, inaccesible
para la verde lepra del sonido,
no hay altura posible
ni labio conocido
45 por donde llegue a ti nuestro gemido.

sopra panni di calce e sordo fuoco,
quando rotto già il nodo,
cieco e puro di luna,
20 passerò le tue fini e placide onde.

Alla curva del fiume
il doppio cigno canta il suo candore.
Voce non fredda ma umida
dalla sua gola scorre,
25 e rotola tra i giunchi e poi risorge.

Con rosa di farina
un bimbo nudo misura la riva,
mentre il bosco armonizza
la sua musica pristina
30 con risonanze di cristalli e legno.

Cori di semprevivi
ruotano folli e chiedono eternità.
Con i segni espressivi
feriscono le due metà
35 del globo che distilla solitudini.

L'arpa e il suo lamento
preso in corde dorate di metallo,
i più dolci strumenti
esili o risonanti,
40 cercano, o solitudine, il tuo regno gelato.

Mentre tu inaccessibile
resti alla verde lebbra della voce,
non v'è cima possibile
né labbro d'alcun uomo
45 da cui il nostro gemito ti arrivi.

ODA AL SANTÍSIMO SACRAMENTO DEL ALTAR
Homenaje a Manuel de Falla

I EXPOSICIÓN

Pange lingua gloriosi
Corporis mysterium.

Cantaban las mujeres por el muro clavado
cuando te vi, Dios fuerte, vivo en el Sacramento,
palpitante y desnudo, como un niño que corre
perseguido por siete novillos capitales.

5 Vivo estabas, Dios mío, dentro del ostensorio.
Punzado por tu Padre con aguja de lumbre.
Latiendo como el pobre corazón de la rana
que los médicos ponen en el frasco de vidrio.

Piedra de soledad donde la hierba gime
10 y donde el agua oscura pierde sus tres acentos,
elevan tu columna de nardo bajo nieve
sobre el mundo de ruedas y falos que circula.

Yo miraba tu forma deliciosa flotando
en la llaga de aceites y paño de agonía,
15 y entornaba mis ojos para dar en el dulce
tiro al blanco de insomnio sin un pájaro negro.

Es así, Dios anclado, como quiero tenerte.
Panderito de harina para el recién nacido.

---

[1] La prima e la seconda parte di questa ode («Esposizione» e «Mondo»)
vennero pubblicate nella «Revista de Occidente», dicembre 1928. Le ultime
venti strofe, a giudicare dalla data del manoscritto conservato negli archivi
Lorca, 17 dicembre 1929, sembrano essere state composte a New York.

[2] Manuel de Falla (1876-1946) rinnovò la cultura musicale iberica fondendo
le moderne tendenze della musica europea con le peculiarità ritmiche e melo-
diche della musica popolare. Lorca conobbe il musicista, ormai celebre, nel
1920, quando si stabilì a Granada, e dimostrò nei suoi confronti una vera e

ODE AL SANTISSIMO SACRAMENTO DELL'ALTARE[1]

Omaggio a Manuel de Falla[2]

I ESPOSIZIONE

Pange lingua gloriosi
Corporis mysterium.[3]

Cantavano le donne lungo il muro con borchie
e ti vidi, Dio forte, vivo nel Sacramento,
ignudo e palpitante come un bimbo che corre
inseguito da sette torelli capitali.[4]

5 Eri vivo, Dio mio, là dentro l'ostensorio.
Trafitto da tuo Padre con un ago di fuoco.
Battendo come il povero cuore di una ranocchia
che i medici conservano nell'ampolla di vetro.

Pietra di solitudine dove l'erba si duole
10 e dove l'acqua oscura smarrisce i suoi tre accenti,
alzano il tuo pilastro di nardo sotto neve
sopra il mondo di ruote e di falli che circola.

Guardavo la tua forma deliziosa ondeggiante
nella piaga degli olî, nel panno d'agonia,
15 e socchiudevo gli occhi per cogliere nel dolce
tiro a segno d'insonnia senza un uccello nero.

Così, Dio ancorato, io desidero averti.
Cembalo di farina per chi è nato da poco.

---

propria venerazione. De Falla restò tuttavia sconcertato dalle immagini audaci
dell'ode dedicatagli, pur avendone letto solo le prime due parti pubblicate, e in
una lettera a Lorca sottolineò, da una prospettiva ortodossa, le sue perplessità;
l'episodio non turbò tuttavia la loro amicizia.
[3] Versi iniziali dell'ode al Santo Sacramento, composta da San Tommaso
d'Aquino, che si canta nella festa del Corpus Domini: «Esulta, o mia lingua, il
mistero del Corpo glorioso [...]».
[4] L'immagine allude ai sette peccati capitali.

Brisa y materia juntas en expresión exacta,
20 por amor de la carne que no sabe tu nombre.

Es así, forma breve de rumor inefable,
Dios en mantillas, Cristo diminuto y eterno,
repetido mil veces, muerto, crucificado
por la impura palabra del hombre sudoroso.

25 Cantaban las mujeres en la arena sin norte,
cuando te vi presente sobre tu Sacramento.
Quinientos serafines de resplandor y tinta
en la cúpula neutra gustaban tu racimo.

¡Oh Forma sacratísima, vértice de las flores,
30 donde todos los ángulos toman sus luces fijas,
donde número y boca construyen un presente
cuerpo de luz humana con músculos de harina!

¡Oh Forma limitada para expresar concreta
muchedumbre de luces y clamor escuchado!
35 ¡Oh nieve circundada por témpanos de música!
¡Oh llama crepitante sobre todas las venas!

Brezza e materia unite nell'espressione esatta,
20 per amore di carne ignara del tuo nome.

E così, forma breve di rumore ineffabile,
Signore in fasce, Cristo minuscolo ed eterno,
ridetto mille volte, ma ucciso, crocifisso
dall'impura parola dell'uomo sudaticcio.

25 Cantavano le donne senza meta insabbiate,
e ti vidi presente sopra il tuo Sacramento.
Cinquecento splendenti serafini a colori
nella cupola neutra gustavano il tuo grappolo.

Oh Forma sacrosanta, vertice di ogni fiore,
30 dove gli angoli a turno prendono luci fisse,
dove numero e bocca costruiscono un presente
corpo di luce umana, muscoli di farina!

Oh Forma limitata per esporre concreta
infinità di luci e il clamore ascoltato!
35 Oh neve stretta in lastre ghiacciate di musica!
Oh fiamma crepitante sopra tutte le vene!

II MUNDO

Agnus Dei qui tollis peccata
mundi, miserere nobis.

Noche de los tejados y la planta del pie,
silbaba por los ojos secos de las palomas.
Alga y cristal en fuga ponen plata mojada
40 los hombros de cemento de todas las ciudades.

La gillette descansaba sobre los tocadores
con su afán impaciente de cuello seccionado.
En la casa del muerto, los niños perseguían
una sierpe de arena por el rincón oscuro.

45 Escribientes dormidos en el piso catorce.
Ramera con los senos de cristal arañado.
Cables y media luna con temblores de insecto.
Bares sin gente. Gritos. Cabezas por el agua.

Para el asesinato del ruiseñor, venían
50 tres mil hombres armados de lucientes cuchillos.
Viejas y sacerdotes lloraban resistiendo
una lluvia de lenguas y hormigas voladoras.

Noche de rostro blanco. Nula noche sin rostro.
Bajo el sol y la luna. Triste noche del mundo.
55 Dos mitades opuestas y un hombre que no sabe
cuándo su mariposa dejará los relojes.

Debajo de las alas del dragón hay un niño.
Caballitos de cardio por la estrella sin sangre.

---

[1] Il Mondo (parte II), il Demonio (parte III) e la Carne (parte IV) sono,
secondo la dottrina cristiana, i tre nemici dell'anima.

[2] L'invocazione «Agnello di Dio, che togli i peccati del mondo, abbi pietà di
noi» precede nella messa il sacramento dell'Eucarestia.

II MONDO[1]

Agnus Dei qui tollis peccata
mundi, miserere nobis.[2]

Notte degli alti tetti, della pianta del piede,
sibilava negli occhi secchi delle colombe.
Alga e cristallo in fuga fanno di umido argento
40 le spalle di cemento di tutte le città.

La gillette riposava sulle toelette
con la brama impaziente di collo sezionato.
Nella casa del morto, dei bambini inseguivano
una serpe di sabbia nell'angolo più scuro.

45 Copisti addormentati al quattordicesimo piano.
Puttana con i seni di cristallo graffiato.
Cavi e la mezza luna con tremori d'insetto.
Bar senza gente. Grida. Teste attraverso l'acqua.

A uccidere usignoli, gli uomini venivano
50 in tremila muniti di lucenti coltelli.
Anziane e sacerdoti piangenti resistevano
a una pioggia di lingue e di formiche alate.

Notte dal volto bianco. Notte nulla senza volto.
Sotto il sole e la luna. Triste notte del mondo.
55 Due metà contrapposte e un uomo che non sa
quando la sua farfalla lascerà gli orologi.

Sotto le ali del drago c'è un bambino.
Cavallucci di cadmio[3] sopra la stella esangue.

---

[3] Nel testo spagnolo, così come è riportato dalla «Revista de Occidente», si legge: *caballitos de cardio*. In spagnolo però il termine *cardio* non esiste. Poiché negli archivi Lorca non v'è traccia del manoscritto, Francisco García Lorca propone il termine *cadmio*, plausibile come materiale dal colore bianco argento, analogo al nichel del verso 92 della terza parte.

El unicornio quiere lo que la rosa olvida,
60 y el pájaro pretende lo que las aguas vedan.

Solo tu Sacramento de luz en equilíbrio
aquietaba la angustia del amor desligado.
Solo tu Sacramento, manómetro que salva
corazones lanzados a quinientos por hora.

65 Porque tu signo es clave de llanura celeste
donde naipe y herida se entrelazan cantando,
donde la luz desboca su toro relumbrante
y se afirma el aroma de la rosa templada.

Porque tu signo expresa la brisa y el gusano.
70 Punto de unión y cita del siglo y el minuto.
Orbe claro de muertos y hormiguero de vivos
con el hombre de nieves y el negro de la llama.

Mundo, ya tienes meta para tu desamparo.
Para tu horror perenne de agujero sin fondo.
75 ¡Oh Cordero cautivo de tres voces iguales!
¡Sacramento inmutable de amor y disciplina!

L'unicorno richiede ciò che la rosa scorda,
60 e l'uccello pretende ciò che vietano le acque.

Solo il tuo Sacramento di luce in equilibrio
acquietava l'angoscia dell'amore slegato.
Solo il tuo Sacramento, manometro che salva
cuori lanciati a più di cinquecento all'ora.

65 Perché il tuo segno è chiave di pianura celeste
dove carte[1] e ferite s'intrecciano cantando,
dove la luce sfrena il toro risplendente
e si afferma l'aroma della tiepida rosa.

Perché il tuo segno esprime sia la brezza che il verme.
70 Punto di congiunzione di secolo e minuto.
Orbe chiaro di morti, formicaio di vivi,
con l'uomo delle nevi e il nero della fiamma.

Mondo, eccoti una meta per il tuo abbandono.
Per l'orrore perenne di buco senza fondo.
75 Oh Agnello prigioniero di tre identiche voci!
Sacramento immutabile d'amore e disciplina!

[1] Si tratta di carte da gioco.

III DEMONIO

Quia tu es Deus, fortitudo mea,
quare me repulisti?
et quare tristis incedo dum
affligit me inimicus?

Honda luz cegadora de materia crujiente,
luz oblicua de espadas y mercurio de estrella,
anunciaban el cuerpo sin amor que llegaba
80 por todas las esquinas del abierto domingo.

Forma de la belleza sin nostalgias ni sueño.
Rumor de superficies libertadas y locas.
Medula de presente. Seguridad fingida
de flotar sobre el agua con el torso de mármol.

85 Cuerpo de la belleza que late y que se escapa.
Un momento de venas y ternura de ombligo.
Amor entre paredes y besos limitados,
con el miedo seguro de la meta encendida.

Bello de luz, oriente de la mano que palpa.
90 Vendaval y mancebo de rizos y moluscos.
Fuego para la carne sensible que se quema.
Níquel para el sollozo que busca a Dios volando.

Las nubes proyectaban sombras de cocodrilo
sobre un cielo incoloro batido por motores.
95 Altas esquinas grises y letras encendidas
señalaban las tiendas del enemigo Bello.

No es la mujer desnuda ni el duro adolescente
ni el corazón clavado con besos y lancetas.

III DEMONIO

Quia tu es Deus, fortitudo mea,
quare me repulisti?
et quare tristis incedo dum
affligit me inimicus?[1]

Densa luce accecante di materia che scricchiola,
luce obliqua di spade con mercurio di stella,
annunciavano il corpo senza amore in arrivo
80 dagli angoli infiniti dell'aperta domenica.

Forma della bellezza senza rimpianto o sogno.
Suono di superfici liberate e impazzite.
Midollo di presente. Sicurezza fittizia
di galleggiare in acqua con il torso di marmo.

85 Corpo della bellezza che palpita e che scappa.
Un momento di vene, dolcezza d'ombelico.
Amore tra pareti con baci limitati,
con l'angoscia sicura della meta incendiata.

Bello di luce, oriente della mano che palpa.
90 Vento forte e fanciullo di riccioli e molluschi.
Incendio per la carne sensibile che brucia.
Nichel per il singhiozzo che cerca Dio volando.

Le nubi proiettavano ombre di coccodrillo
sopra un cielo incolore battuto da motori.
95 Alti spigoli grigi dalle lettere accese
segnavano i negozi dell'avversario Bello.

Non è la donna nuda né il duro adolescente,
non è il cuore inchiodato con baci e con lancette.

___
[1] «Tu sei il Signore della mia difesa, perché mi respingi? Perché triste me ne
vado, oppresso dal nemico?» (Salmo 43 [42], 2), brano recitato all'inizio della
messa.

183

No es el dueño de todos los caballos del mundo
100 ni descubrir el anca musical de la luna.

El encanto secreto del enemigo es otro.
Permanecer. Quedarse en la luz del instante.
Permanecer clavados en su belleza triste
y evitar la inocencia de las aguas nacidas.

105 Que al badido reciente y a la flor desnortada
y a los senos sin huellas de la monja dormida
responda negro toro de límites maduros
con la flor de un momento sin pudor ni mañana.

Para vencer la carne del enemigo Bello,
110 mágico prodigioso de fuegos y colores,
das tu cuerpo celeste con tu sangre divina
en este Sacramento definido que canto.

Desciendes a materia para hacerte visible
a los ojos que observan tu vida renovada
115 y vences sin espadas, en unidad sencilla,
al enemigo bello de las mil calidades.

¡Alegrísimo Dios! ¡Alegrísima Forma!
Aleluya reciente de todas las mañanas.
Misterio facilísimo de razón o de sueño,
120 si es fácil la belleza visible de la rosa.

Aleluya, aleluya del zapato y la nieve.
Alba pura de acantos en la mano incompleta.
Aleluya, aleluya de la norma y el punto
sobre los cuatro vientos sin afán deportivo.

125 Lanza tu Sacramento semillas de alegría
contra los perdigones de dolor del Demonio,
y en el estéril valle de luz y roca pura
la aguja de la flauta rompe un ángel de vidrio.

184

Né il padrone di tutti i cavalli del mondo,
100 né la luna che scopre la sua anca musicale.

Il fascino segreto del nemico è diverso.
Permanere. Restare nella luce istantanea.
Permanere inchiodati nella bellezza triste,
sottrarsi all'innocenza delle acque appena nate.

105 Che al belato recente e al fiore senza meta
e ai sensi senza impronte della suora dormiente
risponda nero toro di limiti maturi
con il fiore di un attimo senza pudore né domani.

Per vincere la carne dell'avversario Bello,
110 del mago prodigioso di fuochi e di colori,
dai il corpo celeste e il tuo sangue divino
in questo Sacramento definito che canto.

Scendi nella materia per renderti visibile
a questi occhi che osservano la tua vita rinnovata
115 e vinci senza spade, in semplice unità,
il tuo avversario bello dalle mille e più doti.

Allegrissimo Dio! Allegrissima Forma!
Alleluia recente di tutte le mattine.
Mistero facilissimo di ragione o di sogno,
120 se della rosa è facile la bellezza visibile.

Alleluia, alleluia della scarpa e della neve.
Alba pura di acanti nella mano incompleta.
Alleluia, alleluia della norma e del punto
sui quattro venti senza brama sportiva.

125 Lancia il tuo Sacramento semenze d'allegria
contro le munizioni di pena del Demonio,
e nella valle sterile di luce e roccia pura
l'ago del flauto rompe un angelo di vetro.

IV CARNE

Qué bien os quedasteis
galàn del cielo,
que es muy de galanes
quedarse en cuerpo.
Lope de Vega, *Canto de los cantares*

Por el nombre del Padre, roca, luz y fermento,
130 por el nombre del Hijo, flor y sangre vertida,
en el fuego visible del Espíritu Santo,
Eva quema sus dedos teñidos de manzana.

Eva gris y rayada con la púrpura rota,
cubierta con las mieles y el rumor del insecto.
135 Eva de yugulares y de musgo baboso
en el primer impulso torpe de los planetas.

Llegaban las higueras con las flores calientes
a destrozar los blancos muros de disciplina.
El hacha por el bosque daba normas de viento
140 a la pura dinamo clavada en su martirio.

Hilos y nervios tiemblan en la sección fragante
de la luna y el vientre que el bisturí descubre.
En el diván de raso los amantes aprietan
los tibios algodones donde duermen sus huesos.

145 ¡Mirad aquel caballo cómo corre! ¡Miradlo
por los hombros y el seno de la niña cuajada!
¡Mirad qué tiernos ayes y qué son movedizo
oprimen la cintura del joven embalado!

¡Venid, venid! Las venas alargarán sus puntas
150 para morder la cresta del caimán enlunado,
mientras la verde sangre de Sodoma reluce
por la sala de un yerto corazón de aluminio.

IV CARNE

Come stai bene
bel ragazzo del cielo,
è uso dei bei ragazzi
restare senza il mantello.
Lope de Vega, *Canto dei cantici*

Per il nome del Padre, roccia, luce e fermento,
per il nome del Figlio, fiore e sangue versato,
nel visibile fuoco dello Spirito Santo,
Eva brucia le dita colorate di mela.

Eva grigia e rigata con la porpora rotta,
ricoperta di miele, di ronzio d'insetto,
con le sue giugulari e il suo muschio bavoso
nell'impacciato impulso nativo dei pianeti.

Arrivavano i fichi con i fiori cocenti
a distruggere i bianchi muri di disciplina.
L'ascia nella foresta dava norme di vento
alla dinamo pura fissa nel suo martirio.

Tremano fili e nervi nel profumato taglio
della luna e del ventre che il bisturi rivela.
Sul divano di raso gli amanti stesi stringono
i tiepidi cotoni dove dormono le ossa.

Guardate quel cavallo come corre! Guardatelo
sulle spalle e sul seno della ragazza attonita!
Che teneri sospiri, quale suono mutevole
stringono la cintura del giovane imballato.

Su, venite! Le vene tenderanno le punte
per mordere la cresta del caimano lunato,
mentre il sangue verdognolo di Sodoma riluce
nella sala di un cuore rigido d'alluminio.

Es preciso que el llanto se derrame en la axila,
que la mano recuerde blanda goma nocturna.
155 Es preciso que ritmos de sístole y diástole
empañen el rubor inhumano del cielo.

Tienen en lo más blanco huevecillos de muerte
(diminutos madroños de arsénico invisible),
que secan y destruyen el nervio de luz pura
160 por donde el alma filtra lección de beso y ala.

Es tu cuerpo, galán, tu boca, tu cintura,
el gusto de tu sangre por los dientes helados.
Es tu carne vencida, rota, pisoteada,
la que vence y relumbra sobre la carne nuestra.

165 Es el gesto vacío de lo libre sin norte
que se llena de rosas concretas y finales.
Adán es luz y espera bajo el arco podrido
las dos niñas de lumbre que agitaban sus sienes.

¡Oh Corpus Christi! ¡Oh Corpus de absoluto silencio,
170 donde se quema el cisne y fulgura el leproso!
¡Oh blanca forma insomne!
Ángeles y ladridos contra el rumor de venas.

C'è bisogno che il pianto si sparga nell'ascella,
che la mano ricordi molle gomma notturna.
155 C'è bisogno che ritmi di sistole e di diastole
appannino il rossore disumano del cielo.

Hanno ovetti di morte nel bianco più profondo
(corbezzoli minuti d'arsenico invisibile),
che seccano e distruggono il nervo di luce pura
160 dove l'anima filtra lezione di ala e bacio.

Bel ragazzo, è il tuo corpo, la bocca, la cintura,
il gusto del tuo sangue tra i denti raggelati.
È la tua carne vinta, spezzata, calpestata,
che sulla carne nostra prevale rifulgente.

165 È il gesto senza scopo di libertà smarrita
che si riempie di rose concrete e conclusive.
Adamo è luce e sotto l'arco marcito attende
le pupille di fuoco che gli agitavano le tempie.

Oh Corpus Christi! Oh Corpus d'assoluto silenzio,
170 dove il cigno si brucia e sfolgora il lebbroso!
Oh bianca forma insonne!
Angeli e abbaiamenti contro il brusio di vene.

POETA EN NUEVA YORK
1929-1930

Los poemas de este libro están escritos en la ciudad de Nueva York el año 1929-1930, en que el poeta vivió como estudiante en Columbia University.

F. G. L.

[1] Le date corrispondono alla prima stesura dei testi, rielaborati poi in qualche caso fino al gennaio del 1936, anno in cui *Poeta a New York* avrebbe dovuto essere pubblicato presso Cruz y Raya, editrice diretta da José Bergamín che in quegli anni pubblicava le opere di Alberti, Neruda, Guillén, Cernuda, e che l'anno precedente aveva pubblicato *Compianto per Ignazio Sánchez Mejías* dello stesso Lorca. Secondo le dichiarazioni di Bergamín, non sempre identiche, prima di partire per Granada Lorca lasciò nella sede dell'editrice un originale, composto di testi manoscritti – ma non autografi di Lorca –, testi dattiloscritti con correzioni di Lorca, ritagli da riviste di testi già pubblicati (quasi la metà dei componimenti) – alcuni dei quali corretti dall'autore – e in qualche caso, in mancanza del testo, l'indicazione della poesia da inserire. All'inizio Lorca intendeva suddividere il materiale scritto in America in due libri: uno d'interpretazione poetica della città, *Poeta a New York*, l'altro di poesie più personali, scritte in gran parte fuori della metropoli, *Tierra y luna* (Terra e luna). In dichiarazioni rilasciate tra il 1930 e il 1935 egli citava tra i libri in composizione titoli come *New York, La città, Poesie per i morti* e *Introduzione alla morte*, quest'ultimo assegnato poi a una delle sezioni di *Poeta a New York*. Successivamente, in un'intervista del 1936, il poeta tornava a usare quello che sarebbe diventato il titolo definitivo, come del resto a citare *Terra e luna*, senza menzionare però contenuti derivati dal soggiorno americano; per altro egli aveva riferito questo titolo anche a *Diván del Tamarit* e in seguito a una progettata raccolta di sonetti. Sono tutti indizi di un itinerario compositivo complesso e soggetto a ripetuti

POETA A NEW YORK
1929-1930[1]

TRADUZIONE E NOTE
DI NORBERT VON PRELLWITZ

Le poesie di questo libro sono state scritte nella città di New York nell'anno 1929-1930, quando il poeta visse da studente alla Columbia University.

F. G. L.

ripensamenti. *Poeta a New York* venne pubblicato postumo nel 1940, in due edizioni quasi contemporanee, e in parte diverse: a New York il 24 maggio uscì, presso l'editrice Norton, *The Poet in New York and other Poems*, con testo spagnolo a fronte, a cura di Rolfe Humphries, sulla base di un dattiloscritto inviato dai collaboratori di Bergamín e di materiali raccolti in precedenza dalla redazione americana – Humphries aveva già tradotto alcuni dei testi –; un mese più tardi a Città del Messico l'editrice Séneca pubblicò l'altra edizione, a cura dello stesso Bergamín, autore di un prologo che figura in entrambe le edizioni, promosse da lui. Eutimio Martín fece notare nel 1972 le divergenze tra le due edizioni – tra le più cospicue, non solo varianti testuali o di dediche, ma un diverso ordine e l'assenza di un testo nell'edizione Norton –, e mettendo in questione l'intervento di Bergamín, da lui ritenuto arbitrario, nel 1981 propose una riorganizzazione delle poesie americane di Lorca tale da ripristinare due libri complementari ma diversi: *Poeta a New York*, composto dalle poesie citate o evocate nella omonima conferenza-recital, ventuno in tutto, e *Terra e luna*, costituito da diciassette poesie presenti in un elenco stilato da Lorca come promemoria per questo libro. La tesi di Martín è sembrata troppo radicale alla maggioranza degli studiosi che, in mancanza dell'originale, dichiarato irreperibile di Bergamín, ritengono più prudente attenersi alla struttura del libro come pubblicato nel 1940, pur ovviando agli errori e alle omissioni segnalate nel frattempo. Il testo a fronte è tratto da F. García Lorca, *Poeta en Nueva York*, a cura di P. Menarini, Espasa-Calpe, Madrid 1990[8].

de I
POEMAS DE LA SOLEDAD
EN COLUMBIA UNIVERSITY

Furia color de amor,
amor color de olvido.
Luis Cernuda

VUELTA DE PASEO

Asesinado por el cielo.
Entre las formas que van hacia la sierpe
y las formas que buscan el cristal,
dejaré crecer mis cabellos.

5 Con el árbol de muñones que no canta
y el niño con el blanco rostro de huevo.

Con los animalitos de cabeza rota
y el agua harapienta de los pies secos.

Con todo lo que tiene cansancio sordomudo
10 y mariposa ahogada en el tintero.

Tropezando con mi rostro distinto de cada día.
¡Asesinado por el cielo!

---

[1] L'epigrafe è tratta da «La canción del oeste» («La canzone dell'ovest») del libro *Un río, un amor* (*Un fiume, un amore*) di Luis Cernuda (1902-1963), inclusa poi in *La realidad y el deseo* (1936).

[2] Il manoscritto degli archivi Lorca, privo di titolo – nella sua conferenza «Un poeta a New York» Lorca ne fa menzione citando il primo verso – porta l'indicazione «Bushnell-ville (ESU) 6 settembre 1929». Bushnellsville è una località vicina a Shandaken, nei Monti Catskill; Lorca vi si era recato in vacanza

POESIE DELLA SOLITUDINE
NELLA COLUMBIA UNIVERSITY

Furia colore d'amore,
amore colore d'oblio.

Luis Cernuda[1]

RITORNO DALLA PASSEGGIATA[2]

Assassinato dal cielo.
Tra le forme che vanno verso la serpe
e le forme che cercano il cristallo
lascerò che mi crescano i capelli.

5 Con l'albero di monconi che non canta
e il bambino dal bianco volto d'uovo.

Con le bestioline dalla testa rotta
e l'acqua cenciosa dei piedi secchi.

Con tutto ciò che ha stanchezza sordomuta
10 e farfalla annegata nell'inchiostro.

Inciampando nel mio volto differente d'ogni giorno.
Assassinato dal cielo!

insieme ad Ángel del Río. Questa poesia non è dunque la prima in ordine cronologico tra quelle incluse nel libro, né appartiene a quelle scritte a New York, ma la collocazione voluta dal poeta ne fa un testo introduttivo, nel quale l'annotazione diaristica evocata dal titolo sottintende l'incontro avvenuto con la città, e le conseguenze affettive dell'impatto con la metropoli. Il cielo negativo, che ricompare in «Nascita di Cristo», riflette insieme il mondo implacabile di New York e il sentimento personale di crisi.

LA AURORA

La aurora de Nueva York tiene
cuatro columnas de cieno
y un huracán de negras palomas
que chapotean las aguas podridas.

5 La aurora de Nueva York gime
por las inmensas escaleras
buscando entre las aristas
nardos de angustia dibujada.

La aurora llega y nadie la recibe en su boca
10 porque allí no hay mañana ni esperanza posible.
A veces las monedas en enjambres furiosos
taladran y devoran abandonados niños.

Los primeros que salen comprenden con sus huesos
que no habrá paraíso ni amores deshojados;
15 saben que van al cieno de números y leyes,
a los juegos sin arte, a sudores sin fruto.

La luz es sepultada por cadenas y ruidos
en impúdico reto de ciencia sin raíces.
Por los barrios hay gentes que vacilan insomnes
20 como recién salidas de un naufragio de sangre.

L'AURORA

L'aurora di New York possiede
quattro colonne di fango
e un uragano di colombi neri
che sguazzano nell'acqua imputridita.

5 L'aurora di New York geme
su per le immense scalinate
cercando in mezzo agli spigoli
nardi di angoscia disegnata.

L'aurora arriva e nessuno l'accoglie nella bocca
10 perché là non c'è domani[1] né speranza possibile.
Talvolta le monete fitte in sciami furiosi
traforano e divorano bambini abbandonati.

I primi ad affacciarsi comprendono nelle ossa
che non avranno l'eden né gli amori sfogliati;
15 sanno che vanno al fango di numeri e di leggi,
a giochi privi d'arte, a sudori infruttuosi.

La luce è seppellita da catene e frastuoni
in impudica sfida di scienza senza radici.
Nei quartieri c'è gente che barcolla d'insonnia
20 come appena scampata da un naufragio di sangue.

---

[1] Nell'originale *mañana* gioca sul doppio significato di domani e di mattino.

EL REY DE HARLEM

Con una cuchara de palo
le arrancaba los ojos a los cocodrilos
y golpeaba el trasero de los monos.
Con una cuchara de palo.

5 Fuego de siempre dormía en los pedernales
y los escarabajos borrachos de anís
olvidaban el musgo de las aldeas.

Aquel viejo cubierto de setas
iba al sitio donde lloraban los negros
10 mientras crujía la cuchara del rey
y llegaban los tanques de agua podrida.

Las rosas huían por los filos
de las últimas curvas del aire
y en los montones de azafrán
15 los niños machacaban pequeñas ardillas
con un rubor de frenesí manchado.

Es preciso cruzar los puentes
y llegar al rumor negro
para que el perfume de pulmón
20 nos golpee las sienes con su vestido
de caliente piña.

Es preciso matar al rubio vendedor de aguardiente,
a todos los amigos de la manzana y de la arena;
y es necesario dar con los puños cerrados

da II
I NERI

IL RE DI HARLEM

Con un cucchiaio di legno
strappava gli occhi ai coccodrilli
e batteva il sedere delle scimmie.
Con un cucchiaio di legno.

5 Fuoco di sempre dormiva in pietre focaie
e gli scarabei ubriachi d'anice
si scordavano il muschio dei villaggi.

Quel vecchio ricoperto di funghi
andava al luogo dove piangevano i neri
10 mentre cricchiava il cucchiaio del re
e giungevano tanche d'acqua marcita.

Le rose fuggivano sulle lame
degli ultimi tornanti del vento,
e nei mucchi di zafferano
15 i bambini macinavano piccoli scoiattoli
con un rossore di frenesia macchiata.

Bisogna attraversare i ponti
e arrivare al brusio nero
perché il profumo di polmone
20 ci colpisca le tempie col suo abito
di caldo ananasso.

Bisogna ammazzare il biondo venditore di acquavite,
tutti gli amici della mela e della sabbia;
e bisogna colpire con i pugni chiusi

₂₅ a las pequeñas judías que tiemblan llenas de burbujas,
para que el rey de Harlem cante con su muchedumbre,
para que los cocodrilos duerman en largas filas
bajo el amianto de la luna,
y para que nadie dude la infinita belleza
₃₀ de los plumeros, los ralladores, los cobres y las cacerolas de las
[cocinas.

¡Ay, Harlem! ¡Ay, Harlem! ¡Ay, Harlem!
No hay angustia comparable a tus rojos oprimidos,
a tu sangre estremecida dentro del eclipse oscuro,
a tu violencia granate, sordomuda en la penumbra,
₃₅ a tu gran rey prisionero, con un traje de conserje.

*

Tenía la noche una hendidura y quietas salamandras de marfil.
Las muchachas americanas
llevaban niños y monedas en el vientre
y los muchachos se desmayaban en la cruz del desperezo.

₄₀ Ellos son.
Ellos son los que beben el whisky de plata junto a los volcanes
y tragan pedacitos de corazón por las heladas montañas del oso.

Aquella noche el rey de Harlem, con una durísima cuchara,
le arrancaba los ojos a los cocodrilos
₄₅ y golpeaba el trasero de los monos.
Con una durísima cuchara.

Los negros lloraban confundidos
entre paraguas y soles de oro,
los mulatos estiraban gomas, ansiosos de llegar al torso blanco,
₅₀ y el viento empañaba espejos
y quebraba las venas de los bailarines.

¡Negros! ¡Negros! ¡Negros! ¡Negros!
La sangre no tiene puertas en vuestra noche boca arriba.
No hay rubor. Sangre furiosa por debajo de las pieles,

198

25 quelle piccole ebree che tremano piene di bollicine,
perché il re di Harlem canti con la sua folla,
perché dormano in lunghe file i coccodrilli
sotto l'amianto della luna
e perché nessuno dubiti dell'infinita bellezza
30 di piumini, di grattugie, di rami e di pentole delle cucine.

Ahi, Harlem! Ahi, Harlem! Ahi, Harlem!
Non c'è angoscia che sia pari ai tuoi rossi soggiogati,
al tuo sangue intirizzito dentro l'eclissi oscura,
alla tua violenza granata, sordomuta nella penombra,
35 al tuo grande re prigioniero, in divisa da portinaio.

*

La notte aveva una fenditura e quiete salamandre di avorio.
Le ragazze americane
portavano nel ventre bambini e monete
e i ragazzi svenivano nella croce dello stiracchiamento.
40 Loro sono.
Loro sono quelli che bevono il whisky d'argento accanto
[ai vulcani
e che inghiottono pezzetti di cuore sulle ghiacciate montagne
[dell'orso.

In quella notte il re di Harlem, con un durissimo cucchiaio,
strappava gli occhi ai coccodrilli
45 e batteva il sedere delle scimmie.
Con un durissimo cucchiaio.

I neri piangevano confusi
fra ombrelli e soli d'oro.
I mulatti stiravano gomme, ansiosi di arrivare al torso bianco
50 e il vento appannava gli specchi
e spezzava le vene dei ballerini.

Neri! Neri! Neri! Neri!
Il sangue non ha porte nella vostra notte supina.
Non c'è l'arrossire. Il sangue furioso sotto le pelli,

55 viva en la espina del puñal y en el pecho de los paisajes,
   bajo las pinzas y las retamas de la celeste luna de Cáncer.

Sangre que busca por mil caminos muertes enharinadas y ceniza
cielos yertos, en declive, donde las colonias de planetas [de nardos
rueden por las playas con los objetos abandonados.
Sangre que mira lenta con el rabo del ojo,
60 hecha de espartos exprimidos y néctares subterráneos.
Sangre que oxida al alisio descuidado en una huella
y disuelve a las mariposas en los cristales de la ventana.

Es la sangre que viene, que vendrá
por los tejados y azoteas, por todas partes,
65 para quemar la clorofila de las mujeres rubias,
para gemir al pie de las camas, ante el insomnio de los lavabos,
y estrellarse en una aurora de tabaco y bajo amarillo.

¡Hay que huir!,
huir por las esquinas y encerrarse en los últimos pisos,
70 porque el tuétano del bosque penetrará por las rendijas
para dejar en vuestra carne una leve huella de eclipse
y una falsa tristeza de guante desteñido y rosa química.

Es por el silencio sapientísimo
cuando los cocineros y los camareros y los que limpian con
75 las heridas de los millonarios   [la lengua
buscan al rey por las calles o en los ángulos del salitre.

Un viento sur de madera, oblicuo en el negro fango,
escupe a las barcas rotas y se clava puntillas en los hombros.
Un viento sur que lleva
80 colmillos, girasoles, alfabetos
y una pila de Volta con avispas ahogadas.

El olvido estaba expresado por tres gotas de tinta sobre el
El amor, por un solo rostro invisible a flor de piedra. [monóculo.
Médulas y corolas componían sobre las nubes

55 vivo nella punta del pugnale e nel petto dei paesaggi,
   fra le pinze e le ginestre della celeste luna del Cancro.

   Sangue che cerca per mille strade morti infarinate e cenere
   cieli rigidi, in pendio, dove le colonie di pianeti   [di nardi,
   ruotino nelle spiagge con gli oggetti abbandonati.
   Sangue che guarda lento con la coda dell'occhio,
60 fatto di sparti spremuti e di nettari sotterranei.
   Sangue che ossida l'aliseo trascurato in un'orma
   e dissolve le farfalle sui vetri della finestra.

   È il sangue che viene, che verrà
   dai tetti e dalle terrazze, da tutte le parti,
65 per bruciare la clorofilla delle donne bionde,
   per gemere ai piedi dei letti, di fronte all'insonnia dei lavabi,
   e schiantarsi in un'aurora di tabacco e di giallo smorto.

   Bisogna fuggire!
   Fuggire lungo gli angoli e rinchiudersi negli ultimi piani,
70 perché il midollo del bosco penetrerà dalle fessure
   per lasciarvi nella carne una lieve traccia di eclisse
   e una falsa tristezza di guanto stinto e di rosa chimica.

   È nel silenzio sapientissimo
   che i camerieri e i cuochi e quelli che puliscono con la lingua
75 le ferite dei miliardari
   cercano il re per le strade o negli angoli del salnitro.

   Dal sud un vento di legno, obliquo nel nero fango,
   sputa sulle barche rotte e si conficca punte nelle spalle.
   Un vento del sud che porta
80 zanne, girasoli, alfabeti
   e una pila di Volta con le vespe affogate.

   L'oblio veniva espresso da tre gocce d'inchiostro sul monocolo.
   L'amore, da un solo volto invisibile a fior di pietra.
   Midolla e corolle componevano sulle nuvole

₈₅ un desierto de tallos, sin una sola rosa.

A la izquierda, a la derecha, por el Sur y por el Norte,
se levanta el muro impasible
para el topo y la aguja del agua.
No busquéis, negros, su grieta
₉₀ para hallar la máscara infinita.
Buscad el gran sol del centro
hechos una piña zumbadora.
El sol que se desliza por los bosques
seguro de no encontrar una ninfa.
₉₅ El sol que destruye números y no ha cruzado nunca un sueño,
el tatuado sol que baja por el río
y muge seguido de caimanes.

¡Negros! ¡Negros! ¡Negros! ¡Negros!
Jamás sierpe, ni cebra, ni mula
₁₀₀ palidecieron al morir.
El leñador no sabe cuándo expiran
los clamorosos árboles que corta.
Aguardad bajo la sombra vegetal de vuestro rey
a que cicutas y cardos y ortigas turben postreras azoteas.

₁₀₅ Entonces, negros, entonces, entonces,
podréis besar con frenesí las ruedas de las bicicletas,
poner parejas de microscopios en las cuevas de las ardillas
y danzar al fin sin duda, mientras las flores erizadas
asesinan a nuestro Moisés casi en los juncos del cielo.

₁₁₀ ¡Ay, Harlem disfrazada!
¡Ay, Harlem, amenazada por un gentío de trajes sin cabeza!
Me llega tu rumor.
Me llega tu rumor atravesando troncos y ascensores,
a través de láminas grises,
₁₁₅ donde flotan tus automóviles cubiertos de dientes,
a través de los caballos muertos y los crímenes diminutos,
a través de tu gran rey desesperado
cuyas barbas llegan al mar.

un deserto di steli senza una sola rosa.

Da sinistra, da destra, da Sud e da Nord,
si erge il muro impassibile
per la talpa e per lo spillo dell'acqua.
Non cercatene, neri, la crepa
40 per trovare la maschera infinita.
Cercate il grande sole del centro
divenuti un ronzante ananasso.
Il sole che scivola nei boschi
sicuro di non trovare una ninfa.
45 Il sole che distrugge numeri e non ha mai attraversato un sogno,
il tatuato sole che scende lungo il fiume
e muggisce seguito da caimani.

Neri! Neri! Neri! Neri!
Giammai serpe, né zebra, né mulo
50 morendo impallidirono.
Il taglialegna non sa quando spirano
gli alberi clamorosi che egli taglia.
Aspettate sotto l'ombra vegetale del vostro re
che cicute e cardi e ortiche turbino postremi terrazzi.

55 E allora, neri, e allora, e allora,
potrete baciare smaniosi le ruote delle biciclette,
mettere coppie di microscopi nella tana degli scoiattoli
e danzare infine sicuri, mentre i fiori appuntiti
assassinano il nostro Mosè quasi nei giunchi del cielo!

60 Ahi, Harlem mascherata!
Ahi, Harlem, minacciata da folle di vestiti senza testa!
Mi giunge il tuo rumore.
Mi giunge il tuo rumore attraverso tronchi e ascensori,
attraverso lamine grigie,
65 dove le tue automobili galleggiano coperte di denti,
attraverso i cavalli morti e i crimini minuscoli,
attraverso il tuo grande re disperato,
la cui barba arriva al mare.

203

NACIMIENTO DE CRISTO

Un pastor pide teta por la nieve que ondula
blancos perros tendidos entre linternas sordas.
El Cristito de barro se ha partido los dedos
en los filos eternos de la madera rota.

5 ¡Ya vienen las hormigas y los pies ateridos!
Dos hilillos de sangre quiebran el cielo duro.
Los vientres del demonio resuenan por los valles
golpes y resonancias de carne de molusco.

Lobos y sapos cantan en las hogueras verdes
10 coronadas por vivos hormigueros del alba.
La luna tiene un sueño de grandes abanicos
y el toro sueña un toro de agujeros y de agua.

El niño llora y mira con un tres en la frente.
San José ve en el heno tres espinas de bronce.
15 Los pañales exhalan un rumor de desierto
con cítaras sin cuerdas y degolladas voces.

La nieve de Manhattan empuja los anuncios
y lleva gracia pura por las falsas ojivas.
Sacerdotes idiotas y querubes de pluma
20 van detrás de Lutero por las altas esquinas.

STRADE E SOGNI

NASCITA DI CRISTO[1]

Un pastore chiede poppate nella neve che fa ondeggiare
bianchi cani distesi fra le lanterne sorde.
Il Cristino di argilla si è spaccato le dita
sulle lame perenni del legno che si è rotto.

5 Vengono le formiche e i piedi intirizziti!
Due filini di sangue spezzano il cielo duro.
I ventri del demonio risuonano in vallate
fragori e risonanze di carne di mollusco.

Cantano lupi e rospi nei grandi roghi verdi
10 coronati da vivi formicai dell'aurora.
La luna nutre un sogno di allargati ventagli
e il toro sogna un toro fatto di buchi e d'acqua.

Il bimbo piange e guarda con un tre sulla fronte.
San Giuseppe nel fieno vede tre spine bronzee.
15 Dai pannolini emana un brusio di deserto
con cetre senza corde, con decollate voci.

La neve di Manhattan sospinge i manifesti
e porta grazia pura nelle artefatte ogive.
Cherubini di piuma e sacerdoti idioti
20 vanno dietro a Lutero sugli elevati spigoli.

---

[1] È uno dei soli due componenti del libro (l'altro è «La tua infanzia a Mentone») con una metrica tradizionale: sono versi alessandrini. I versi alessandrini costituiscono comunque uno schema ritmico presente anche nella versificazione libera di numerose altre poesie di *Poeta a New York*.

CIELO VIVO

Yo no podré quejarme
si no encontré lo que buscaba.
Cerca de las piedras sin jugo y los insectos vacíos
no veré el duelo del sol con las criaturas en carne viva.

5 Pero me iré al primer paisaje
de choques, líquidos y rumores
que trasmina a niño recién nacido
y donde toda superficie es evitada,
para entender que lo que busco tendrá su blanco de alegría
10 cuando yo vuele mezclado con el amor y las arenas.
Allí no llega la escarcha de los ojos apagados
ni el mugido del árbol asesinado por la oruga.
Allí todas las formas guardan entrelazadas
una sola expresión frenética de avance.

15 No puedes avanzar por los enjambres de corolas
porque el aire disuelve tus dientes de azúcar,
ni puedes acariciar la fugaz hoja del helecho
sin sentir el asombro definitivo del marfil.

Allí bajo las raíces y en la médula del aire,
20 se comprende la verdad de las cosas equivocadas.

CIELO VIVO[1]

Io non potrò lagnarmi
se non ho trovato quello che cercavo.
Vicino alle pietre senza succo e agli insetti vuoti
non vedrò il duello del sole con le creature in carne viva.

5 Ma me ne andrò al primo paesaggio
di cozzi, di liquidi e di mormorii
che odora di bambino appena nato
e dove ogni superficie è evitata,
per capire che quello che io cerco avrà il suo bersaglio di
10 quando io volerò mischiato all'amore e alle sabbie. [allegria
Laggiù non giunge la brina dello sguardo spento
né il muggito dell'albero che il bruco ha assassinato.
Laggiù tutte le forme conservano intrecciate
un'unica espressione frenetica di avanzata.

15 Non puoi avanzare in mezzo a sciami di corolle
perché il vento dissolve i tuoi denti di zucchero,
né puoi accarezzare la fugace foglia alla felce
senza sentire lo stupore definitivo dell'avorio.

Laggiù sotto le radici e nel midollo del vento,
20 si comprende la verità delle cose sbagliate.

[1] Il manoscritto degli archivi Lorca è datato 24 agosto 1929, capanna di
Dew-Kum-Inn, Eden Mills, Vermont.

El nadador de níquel que acecha la onda más fina
y el rebaño de vacas nocturnas con rojas patitas de mujer.

Yo no podré quejarme
si no encontré lo que buscaba,
25 pero me iré al primer paisaje de humedades y latidos
para entender que lo que busco tendrá su blanco de alegría
cuando yo vuele mezclado con el amor y las arenas.

Vuelo fresco de siempre sobre lechos vacíos.
Sobre grupos de brisas y barcos encallados.
30 Tropiezo vacilante por la dura eternidad fija
y amor al fin sin alba. Amor. ¡Amor visible!

Il nuotatore di nichel che spia l'onda più fine
e la mandria di vacche notturne dalle rosse zampette di donna.

Io non potrò lagnarmi
se non ho trovato quello che cercavo,
25 ma me ne andrò al primo paesaggio di umidità e di pulsazioni
per capire che quanto cerco avrà il suo bersaglio di allegria
quando io volerò mischiato all'amore e alle sabbie.

Volo fresco di sempre sopra letti deserti.
Sopra gruppi di brezze e di barche incagliate.
30 Inciampo vacillante nella dura eternità fissa
e amore infine senza alba. Amore. Amore visibile!

EN LA CABAÑA DEL FARMER
(Campo de Newburg)

NIÑA AHOGADA EN EL POZO
(Granada y Newburg)

Las estatuas sufren por los ojos con la oscuridad de los ataúdes,
pero sufren mucho más por el agua que no desemboca.
... que no desemboca.

El pueblo corría por las almenas rompiendo las cañas de los
                                                     [pescadores.
5 ¡Pronto! ¡Los bordes! ¡Deprisa! Y croaban las estrellas tiernas.
... que no desemboca.

Tranquila en mi recuerdo, astro, círculo, meta,
lloras por las orillas de un ojo de caballo.
... que no desemboca.

10 Pero nadie en lo oscuro podrá darte distancias,
sino afilado límite, porvenir de diamante.
... que no desemboca.

Mientras la gente busca silencios de almohada
tú lates para siempre definida en tu anillo.
15 ... que no desemboca.

da V
NELLA CAPANNA DEL FARMER
(Campagna di Newburgh)

BAMBINA ANNEGATA NEL POZZO
(Granada e Newburgh)[1]

Le statue soffrono con gli occhi per l'oscurità delle bare,
ma soffrono molto di più per l'acqua senza sbocco.
... senza sbocco.

Il paese correva lungo i merli rompendo le canne ai pescatori.
5 Presto! I bordi! In fretta! E gracidavano le stelle tenere.
... senza sbocco.

Quieta nel mio ricordo, astro, cerchio, traguardo,
tu piangi sulle rive di un occhio di cavallo.
... senza sbocco.

10 Ma nessuno nel buio potrà darti distanze,
bensì affilato limite, futuro di diamante.
... senza sbocco.

Mentre la gente cerca silenzi di guanciale
tu palpiti per sempre definita nel cerchio.
15 ... senza sbocco.

[1] Secondo le testimonianze di Angel del Río e di Stanton Hogan, la morte della piccola Mary, citata da Lorca nella conferenza-recital «Un poeta a New York» come un fatto accaduto, è frutto della fantasia del poeta, almeno per quel che riguarda Eden Mills o Newburgh; a Granada, invece, le cronache avevano riportato nel 1928 un episodio analogo; comunque la poesia di Lorca è tutt'altro che aneddotica.

Eterna en los finales de unas ondas que aceptan
combate de raíces y soledad prevista.
... que no desemboca.

¡Ya vienen por las rampas! ¡Levántate del agua!
20 ¡Cada punto de luz te dará una cadena!
... que no desemboca.

Pero el pozo te alarga manecitas de musgo,
insospechada ondina de su casta ignorancia.
... que no desemboca.

25 No, que no desemboca. Agua fija en un punto,
respirando con todos sus violines sin cuerdas
en la escala de las heridas y los edificios deshabitados.

¡Agua que no desemboca!

Eterna nei finali di certe onde che accettano
battaglia di radici e solitudine prevista.
... senza sbocco.

Eccoli sulle rampe! Sollevati dall'acqua!
20 Ogni punto di luce ti darà una catena!
... senza sbocco.

Ma il pozzo allunga mani minuscole di muschio,
insospettata ondina della casta ignoranza.
... senza sbocco.

25 No, senza alcuno sbocco. Acqua fissa in un punto
che respira con ogni violino senza corde
nella scala delle ferite e degli edifici disabitati.

Acqua senza sbocco!

NUEVA YORK
(Oficina y denuncia)

Debajo de las multiplicaciones
hay una gota de sangre de pato;
debajo de las divisiones
hay una gota de sangre de marinero;
5 debajo de las sumas, un río de sangre tierna.
Un río que viene cantando
por los dormitorios de los arrabales,
y es plata, cemento o brisa
en el alba mentida de New York.
10 Existen las montañas. Lo sé.
Y los anteojos para la sabiduría.
Lo sé. Pero yo no he venido a ver el cielo.
He venido para ver la turbia sangre,
la sangre que lleva las máquinas a las cataratas
15 y el espíritu a la lengua de la cobra.
Todos los días se matan en New York
cuatro millones de patos,
cinco millones de cerdos,
dos mil palomas para el gusto de los agonizantes,
20 un millón de vacas,
un millón de corderos
y dos millones de gallos,
que dejan los cielos hechos añicos.

Más vale sollozar afilando la navaja
25 o asesinar a los perros en las alucinantes cacerías,

RITORNO ALLA CITTÀ

NEW YORK
(Ufficio e denuncia)

Sotto le moltiplicazioni
c'è una goccia di sangue d'anatra;
sotto le divisioni
c'è una goccia di sangue di marinaio;
5 sotto le somme, un fiume di sangue tenero.
Un fiume che attraversa cantando
i dormitori delle periferie,
ed è argento, cemento o brezza
nel simulacro d'alba di New York.
10 Esistono le montagne. Lo so.
E gli occhiali per la sapienza.
Lo so. Io però non sono venuto a vedere il cielo.
Io sono venuto a vedere il sangue torbido.
Il sangue che porta le macchine alle cascate
15 e lo spirito alla lingua del cobra.
Tutti i giorni si ammazzano a New York
quattro milioni di anatre,
cinque milioni di maiali,
duemila colombe per il piacere degli agonizzanti,
20 un milione di vacche,
un milione di agnelli
e due milioni di galli,
che lasciano i cieli ridotti a pezzi.

È meglio singhiozzare affilando il rasoio,
25 o assassinare i cani in battute di caccia allucinanti,

que resistir en la madrugada
los interminables trenes de leche,
los interminables trenes de sangre
y los trenes de rosas maniatadas
30 por los comerciantes de perfumes.
Los patos y las palomas,
y los cerdos y los corderos
ponen sus gotas de sangre
debajo de las multiplicaciones,
35 y los terribles alaridos de las vacas estrujadas
llenan de dolor el valle
donde el Hudson se emborracha con aceite.

Yo denuncio a toda la gente
que ignora la otra mitad,
40 la mitad irredimible
que levanta sus montes de cemento
donde laten los corazones
de los animalitos que se olvidan
y donde caeremos todos
45 en la última fiesta de los taladros.
Os escupo en la cara.
La otra mitad me escucha
devorando, cantando, volando en su pureza,
como los niños de las porterías
50 que llevan frágiles palitos
a los huecos donde se oxidan
las antenas de los insectos.
No es el infierno, es la calle.
No es la muerte. Es la tienda de frutas.
55 Hay un mundo de ríos quebrados y distancias inasibles
en la patita de ese gato quebrada por un automóvil,
y yo oigo el canto de la lombriz
en el corazón de muchas niñas.
Óxido, fermento, tierra estremecida.
60 Tierra tú mismo que nadas por los números de la oficina.

che sopportare all'alba
gli interminabili treni di latte,
gli interminabili treni di sangue
e i treni di rose ammanettate
30 dai commercianti di profumi.
Le anatre e le colombe,
i maiali e gli agnelli
mettono le loro gocce di sangue
sotto le moltiplicazioni,
35 e i terribili strilli delle mucche strizzate
riempiono di dolore la vallata
dove l'Hudson si ubriaca di olio.

Io denuncio tutta la gente
che ignora l'altra metà,
40 la metà irredimibile
che innalza le montagne di cemento
dove battono i cuori
degli animaletti che si dimenticano
e dove tutti cadremo
45 nell'ultima festa dei trapani.
Vi sputo in faccia.
L'altra metà mi ascolta
divorando, cantando, volando nella sua purezza
come i bambini delle portinerie
50 che portano fragili bastoncini
ai buchi dove si ossidano
le antenne degli insetti.
Non è l'inferno, è la strada.
Non è la morte. È il negozio di frutta.
55 Esiste un mondo di fiumi spezzati e di distanze inaccessibili
nella zampina di quel gatto spezzata dall'automobile,
e io sento il canto del lombrico
nel cuore di molte bambine.
Ossido, fermento, terra con brividi.
60 Terra tu stesso che nuoti fra i numeri dell'ufficio.

¿Qué voy a hacer, ordenar los paisajes?
¿Ordenar los amores que luego son fotografías,
que luego son pedazos de madera y bocanadas de sangre?
No, no; yo denuncio.
65 Yo denuncio la conjura
de estas desiertas oficinas
que no radian las agonías,
que borran los programas de la selva,
y me ofrezco a ser comido por las vacas estrujadas
70 cuando sus gritos llenan el valle
donde el Hudson se emborracha con aceite.

Che posso fare, ordinare i paesaggi?
Ordinare gli amori che dopo sono fotografie,
che dopo sono pezzi di legno e boccate di sangue?
No, no; io denuncio.
5 Io denuncio la congiura
di questi uffici deserti
che non radiotrasmettono le agonie,
che cassano i programmi della selva,
e mi offro in pasto alle mucche strizzate
10 quando le loro grida riempiono la valle
dove l'Hudson si ubriaca di olio.

GRITO HACIA ROMA
(Desde la torre del Chrysler Building)

Manzanas levemente heridas
por finos espadines de plata,
nubes rasgadas por una mano de coral
que lleva en el dorso una almendra de fuego,
5 peces de arsénico como tiburones,
tiburones como gotas de llanto para cegar una multitud,
rosas que hieren
y agujas instaladas en los caños de la sangre,
mundos enemigos y amores cubiertos de gusanos
10 caerán sobre ti. Caerán sobre la gran cúpula
que untan de aceite las lenguas militares
donde un hombre se orina en una deslumbrante paloma
y escupe carbón machacado
rodeado de miles de campanillas.

15 Porque ya no hay quien reparta el pan ni el vino,
ni quien cultive hierbas en la boca del muerto,
ni quien abra los linos del reposo,
ni quien llore por las heridas de los elefantes.
No hay más que un millón de herreros
20 forjando cadenas para los niños que han de venir.
No hay más que un millón de carpinteros

DUE ODI

GRIDO VERSO ROMA
(Dalla torre del Chrysler Building)

Mele leggermente ferite
da sottili spadini d'argento,
nuvole strappate da una mano di corallo
che porta sul dorso una mandorla di fuoco,
5 pesci di arsenico come squali,
squali come gocce di pianto per accecare una folla,
rose che feriscono
e aghi installati nei tubi del sangue,
mondi antagonisti e amori ricoperti di vermi
10 cadranno su di te. Cadranno sulla grande cupola[1]
che ungono d'olio le lingue militari
dove un uomo orina su un'abbagliante colomba
e sputa carbone pestato
circondato da migliaia di campanelli.

15 Perché non c'è più chi spartisca il pane e il vino,
né chi coltivi le erbe nella bocca del morto,
né chi distenda i lini del riposo,
né chi pianga per le ferite degli elefanti.
Non c'è altro che un milione di fabbri
20 che forgiano catene per i bambini che verranno.
Non c'è altro che un milione di falegnami

---

[1] Lorca allude alla cupola di San Pietro; l'immagine successiva probabilmente fa riferimento ai Patti Lateranensi del 1929, che avevano suscitato lo sdegno negli ambienti liberali.

que hacen ataúdes sin cruz.
No hay más que un gentío de lamentos
que se abren las ropas en espera de las balas.
25 El hombre que desprecia la paloma debía hablar,
debía gritar desnudo entre las columnas
y ponerse una inyección para adquirir la lepra
y llorar un llanto tan terrible
que disolviera sus anillos y sus teléfonos de diamante.
30 Pero el hombre vestido de blanco
ignora el misterio de la espiga,
ignora el gemido de la parturienta,
ignora que Cristo puede dar agua todavía,
ignora que la moneda quema el beso de prodigio
35 y da la sangre del cordero al pico idiota del faisán.

Los maestros enseñan a los niños
una luz maravillosa que viene del monte;
pero lo que llega es una reunión de cloacas
donde gritan las oscuras ninfas del cólera.
40 Los maestros señalan con devoción las enormes cúpulas
pero debajo de las estatuas no hay amor,   [sahumadas;
no hay amor bajo los ojos de cristal definitivo.
El amor está en las carnes desgarradas por la sed,
en la choza diminuta que lucha con la inundación;
45 el amor está en los fosos donde luchan las sierpes del hambre,
en el triste mar que mece los cadáveres de las gaviotas
y en el oscurísimo beso punzante debajo de las almohadas.
Pero el viejo de las manos traslúcidas
dirá: Amor, amor, amor,
50 aclamado por millones de moribundos;
dirá: Amor, amor, amor,
entre el tisú estremecido de ternura;
dirá: Paz, paz, paz,
entre el tirite de cuchillos y melones de dinamita;
55 dirá: Amor, amor, amor,
hasta que se le pongan de plata los labios.

222

che fanno bare senza croce.
Non c'è altro che una calca di lamenti
che si aprono le vesti in attesa del proiettile.
25 L'uomo che disprezza la colomba dovrebbe parlare,
dovrebbe urlare nudo fra le colonne
e farsi un'iniezione per prendersi la lebbra
e piangere un pianto talmente terribile
da liquefare i suoi anelli e i suoi telefoni di diamante.
30 Ma l'uomo vestito di bianco
ignora il mistero della spiga,
ignora il gemito della partoriente,
ignora che Cristo può dare ancora acqua,
ignora che la moneta brucia il bacio del prodigio
35 e dona il sangue dell'agnello al becco idiota del fagiano.

I maestri segnalano ai bambini
una luce meravigliosa che viene dal monte;
ma ciò che giunge è un raduno di cloache
dove urlano le oscure ninfe del colera.
40 I maestri additano con devozione le enormi cupole suffumigate;
ma sotto le statue non c'è amore,
non c'è amore sotto gli occhi di cristallo definitivo.
L'amore sta nelle carni lacerate dalla sete,
nella capanna minuta che combatte con l'inondazione;
45 l'amore sta nei fossi dove combattono le serpi della fame,
nel triste mare che culla i cadaveri dei gabbiani
e nello scurissimo bacio pungente sotto i guanciali.
Ma il vecchio dalle mani traslucide
dirà: Amore, amore, amore,
50 acclamato da milioni di moribondi;
dirà: Amore, amore, amore,
fra il broccato fremente di tenerezza;
dirà: Pace, pace, pace,
fra il tremolio di coltelli e meloni di dinamite;
55 dirà: Amore, amore, amore,
finché le labbra gli diventeranno d'argento.

223

Mientras tanto, mientras tanto, ¡ay!, mientras tanto,
los negros que sacan las escupideras,
los muchachos que tiemblan bajo el terror pálido de los
60 las mujeres ahogadas en aceites minerales,   [directores,
la muchedumbre de martillo, de violín o de nube,
ha de gritar aunque le estrellen los sesos en el muro,
ha de gritar frente a las cúpulas,
ha de gritar loca de fuego,
65 ha de gritar loca de nieve,
ha de gritar con la cabeza llena de excremento,
ha de gritar como todas las noches juntas,
ha de gritar con voz tan desgarrada
hasta que las ciudades tiemblen como niñas
70 y rompan las prisiones del aceite y la música.
Porque queremos el pan nuestro de cada día,
flor de aliso y perenne ternura desgranada,
porque queremos que se cumpla la voluntad de la Tierra
que da sus frutos para todos.

ODA A WALT WHITMAN

Por el East River y el Bronx
los muchachos cantaban enseñando sus cinturas,
con la rueda, el aceite, el cuero y el martillo.
Noventa mil mineros sacaban la plata de las rocas
5 y los niños dibujaban escaleras y perspectivas.

Pero ninguno se dormía,
ninguno quería ser río,
ninguno amaba las hojas grandes,
ninguno la lengua azul de la playa.

10 Por el East River y el Queensborough
los muchachos luchaban con la industria,

224

Nel frattempo, nel frattempo – ahi! –, nel frattempo,
i neri che portano via le sputacchiere,
i ragazzi che tremano sotto il terrore pallido dei direttori,
60 le donne affogate in olii minerali,
la folla dal martello, dal violino o dalla nuvola,
dovrà gridare anche se gli sfracelleranno le cervella contro il
dovrà gridare di fronte alle cupole,   [muro,
dovrà gridare folle di fuoco,
65 dovrà gridare folle di neve,
dovrà gridare con la testa piena di escremento,
dovrà gridare come tutte le notti insieme,
dovrà gridare con voce così straziata
finché le città non tremino come bambine
70 e rompano le carceri dell'olio e della musica.
Perché vogliamo il nostro pane quotidiano,
fiore d'ontano e perenne tenerezza sgranata;
perché vogliamo che si compia la volontà della Terra
che dà i suoi frutti per tutti.

ODE A WALT WHITMAN

Nell'East River e nel Bronx
i ragazzi cantavano mostrando la cintura,
con la ruota, con l'olio, col cuoio e col martello.
Novantamila minatori cavavano l'argento dalle rocce
5 e i bambini disegnavano scalinate e prospettive.

Ma nessuno si addormentava,
nessuno voleva essere fiume,
nessuno amava le foglie grandi,
nessuno la lingua azzurra della spiaggia.

10 Nell'East River e nel Queensborough
i ragazzi lottavano con l'industria,

y los judíos vendían al fauno del río
la rosa de la circuncisión,
y el cielo desembocaba por los puentes y los tejados
15 manadas de bisontes empujadas por el viento.

Pero ninguno se detenía,
ninguno quería ser nube,
ninguno buscaba los helechos
ni la rueda amarilla del tamboril.

20 Cuando la luna salga
las poleas rodarán para turbar el cielo;
un límite de agujas cercará la memoria
y los ataúdes se llevarán a los que no trabajan.

Nueva York de cieno,
25 Nueva York de alambre y de muerte.
¿Qué ángel llevas oculto en la mejilla?
¿Qué voz perfecta dirá las verdades del trigo?
¿Quién el sueño terrible de tus anémonas manchadas?

Ni un solo momento, viejo hermoso Walt Whitman,
30 he dejado de ver tu barba llena de mariposas,
ni tus hombros de pana gastados por la luna,
ni tus muslos de Apolo virginal,
ni tu voz como una columna de ceniza;
anciano hermoso como la niebla,
35 que gemías igual que un pájaro
con el sexo atravesado por una aguja,
enemigo del sátiro,
enemigo de la vid
y amante de los cuerpos bajo la burda tela.

e gli ebrei vendevano al fauno del fiume
la rosa della circoncisione,
e il cielo riversava sui ponti e sui tetti
15 mandrie di bisonti sospinte dal vento.

Ma nessuno si fermava,
nessuno voleva essere nuvola,
nessuno cercava le felci
né la ruota gialla del tamburino.

20 Quando la luna spunterà
le pulegge gireranno per disturbare il cielo;
un limite di spilli accerchierà la memoria
e le bare si porteranno via chi non lavora.

New York di melma,
25 New York di fil di ferro e di morte.
Quale angelo nascondi nella guancia?
Quale voce perfetta dirà le verità del grano?
E chi il sogno terribile dei tuoi anemoni macchiati?

Non un solo istante, vecchio bello Walt Whitman,[1]
30 ho smesso di vedere la tua barba piena di farfalle,
né le tue spalle di fustagno consunte dalla luna,
né le tue cosce da Apollo virgineo,
né la tua voce come una colonna di cenere;
anziano bello come la nebbia,
35 che gemevi proprio come un uccello
con il sesso trafitto da uno spillo,
avversario del satiro,
avversario della vite
e amante dei corpi sotto la grezza tela.

---

[1] Lorca aveva di certo ben presente il sonetto «Walt Whitman» di Rubén Darío, uno dei suoi modelli poetici di gioventù, in particolare i versi: «Nel suo paese di ferro vive il grande vecchio / bello come un patriarca, sereno e santo».

40 Ni un solo momento, hermosura viril
que en montes de carbón, anuncios y ferrocarriles,
soñabas ser un río y dormir como un río
con aquel camarada que pondría en tu pecho
un pequeño dolor de ignorante leopardo.

45 Ni un solo momento, Adán de sangre, Macho,
hombre solo en el mar, viejo hermoso Walt Whitman,
porque por las azoteas,
agrupados en los bares,
saliendo en racimos de las alcantarillas,
50 temblando entre las piernas de los chauffeurs
o girando en las plataformas del ajenjo,
los maricas, Walt Whitman, te señalan.

¡También ése! ¡También! Y se despeñan
sobre tu barba luminosa y casta,
55 rubios del norte, negros de la arena,
muchedumbre de gritos y ademanes,
como los gatos y como las serpientes,
los maricas, Walt Whitman, los maricas,
turbios de lágrimas, carne para fusta,
60 bota o mordisco de los domadores.

¡También ése! ¡También! Dedos teñidos
apuntan a la orilla de tu sueño
cuando el amigo come tu manzana
con un leve sabor de gasolina
65 y el sol canta por los ombligos
de los muchachos que juegan bajo los puentes.

Pero tú no buscabas los ojos arañados,
ni el pantano oscurísimo donde sumergen a los niños,
ni la saliva helada,
70 ni las curvas heridas como panza de sapo
que llevan los maricas en coches y terrazas
mientras la luna los azota por las esquinas del terror.

40 Non un solo istante, bellezza virile
che su monti di carbone, cartelloni e ferrovie,
sognavi di essere un fiume, di dormire come un fiume
con quel compagno che ti avrebbe messo nel petto
un piccolo dolore d'ignorante leopardo.

45 Non un solo istante, Adamo di sangue, *Macho*,
uomo solo nel mare, vecchio bello Walt Whitman,
perché sulle terrazze,
raggruppati nei bar,
uscendo dai tombini a grappoli,
50 tremando fra le gambe degli autisti,
o girando sulle piattaforme dell'assenzio,
le checche, Walt Whitman, ti additano.

Anche lui! Anche lui! E si sfrenano
sulla tua barba luminosa e casta,
55 biondi del nord, neri delle sabbie,
moltitudini di grida e di gesti,
come i gatti e come le serpi,
le checche, Walt Whitman, le checche,
torbide di lacrime, carne da scudiscio,
60 da stivale o da morso dei domatori.

Anche lui! Anche lui! Dita dipinte
puntano sulla riva del tuo sogno
quando l'amico mangia la tua mela
con un lieve sapore di benzina
65 e il sole canta sugli ombelichi
dei ragazzi che giocano sotto i ponti.

Ma tu non ricercavi gli occhi graffiati,
né il pantano scurissimo dove sommergono i bambini,
né la saliva gelida,
70 né le curve ferite come pancia di rospo
che ostentano le checche su macchine e terrazze
mentre la luna li flagella agli angoli del terrore.

Tú buscabas un desnudo que fuera como un río,
toro y sueño que junte la rueda con el alga,
75 padre de tu agonía, camelia de tu muerte,
y gimiera en las llamas de tu ecuador oculto.

Porque es justo que el hombre no busque su deleite
en la selva de sangre de la mañana próxima.
El cielo tiene playas donde evitar la vida
80 y hay cuerpos que no deben repetirse en la aurora.

Agonía, agonía, sueño, fermento y sueño.
Este es el mundo, amigo, agonía, agonía.
Los muertos se descomponen bajo el reloj de las ciudades,
la guerra pasa llorando con un millón de ratas grises,
85 los ricos dan a sus queridas
pequeños moribundos iluminados,
y la vida no es noble, ni buena, ni sagrada.

Puede el hombre, si quiere, conducir su deseo
por vena de coral o celeste desnudo.
90 Mañana los amores serán rocas y el Tiempo
una brisa que viene dormida por las ramas.

Por eso no levanto mi voz, viejo Walt Whitman,
contra el niño que escribe
nombre de niña en su almohada,
95 ni contra el muchacho que se viste de novia
en la oscuridad del ropero,
ni contra los solitarios de los casinos
que beben con asco el agua de la prostitución,
ni contra los hombres de mirada verde
100 que aman al hombre y queman sus labios en silencio.
Pero sí contra vosotros, maricas de las ciudades,
de carne tumefacta y pensamiento inmundo.
Madres de lodo. Arpías. Enemigos sin sueño
del Amor que reparte coronas de alegría.

Tu ricercavi un nudo che fosse come un fiume,
toro e sogno che unisca la ruota insieme all'alga,
75 padre della tua agonia, camelia della tua morte,
e che gemesse tra le fiamme del tuo equatore occulto.

Perché è giusto che l'uomo non cerchi il suo piacere
nella selva di sangue del prossimo mattino.
Il cielo possiede spiagge dove si evita la vita
80 e certi corpi non devono ripetersi nell'alba.

Agonia, agonia, sogno, fermento e sogno.
È questo il mondo, amico: agonia, agonia.
I morti si decompongono sotto l'orologio delle città,
la guerra passa piangendo con un milione di ratti grigi,
85 i ricchi danno alle amanti
piccoli moribondi illuminati,
la vita non è nobile, non è buona, né sacra.

Se vuole, l'uomo può condurre il desiderio
su vene di corallo o su un nudo celeste.
90 Nel domani gli amori saranno rocce e il Tempo
una brezza che arriva dormendo lungo i rami.

Per questo io non alzo la voce, vecchio Walt Whitman,
contro quel bambino che scrive
un nome di bambina sul guanciale,
95 né contro il ragazzo che si veste da sposa
nell'oscurità del guardaroba,
né contro i solitari dei circoli
che bevono schifati l'acqua della prostituzione,
né contro gli uomini dallo sguardo verde
100 che amano l'uomo mentre si bruciano le labbra nel silenzio.
Ma contro di voi sì, checche delle città,
dalla carne rigonfia e dal pensiero immondo.
Madri di fango. Arpie. Nemici senza sogno
dell'Amore che dona corone di allegria.

231

105 Contra vosotros siempre, que dais a los muchachos
gotas de sucia muerte con amargo veneno.
Contra vosotros siempre,
Faeries de Norteamérica,
Pájaros de la Habana,
110 *Jotos* de Méjico,
Sarasas de Cádiz,
Apios de Sevilla,
Cancos de Madrid,
Floras de Alicante,
115 *Adelaidas* de Portugal.

¡Maricas de todo el mundo, asesinos de palomas!
Esclavos de la mujer. Perras de sus tocadores.
Abiertos en las plazas con fiebre de abanico
o emboscados en yertos paisajes de cicuta.

120 ¡No haya cuartel! La muerte
mana de vuestros ojos
y agrupa flores grises en la orilla del cieno.
¡No haya cuartel! ¡¡Alerta!!
Que los confundidos, los puros,
125 los clásicos, los señalados, los suplicantes
os cierren las puertas de la bacanal.

Y tú, bello Walt Whitman, duerme a orillas del Hudson
con la barba hacia el polo y las manos abiertas.
Arcilla blanda o nieve, tu lengua está llamando
130 camaradas que velen tu gacela sin cuerpo.

Duerme: no queda nada.
Una danza de muros agita las praderas
y América se anega de máquinas y llanto.
Quiero que el aire fuerte de la noche más honda
135 quite flores y letras del arco donde duermes
y un niño negro anuncie a los blancos del oro
la llegada del reino de la espiga.

105 Sempre contro di voi, che ai ragazzi passate
gocce di sporca morte con amaro veleno.
Sempre contro di voi,
Faeries del Nordamerica,
Pájaros dell'Avana,
110 *Jotos* del Messico,
Sarasas di Cadice,
Apios di Siviglia,
Cancos di Madrid,
Floras di Alicante,
115 *Adelaidas* del Portogallo.

Checche di tutto il mondo, assassini di colombe!
Schiavi della donna. Cagne dei loro specchi.
Palesi nelle piazze con febbre di ventaglio
o imboscati in paesaggi rigidi di cicuta.

120 Senza quartiere! La morte
emana dai vostri occhi
e aggruppa fiori grigi sulla riva del fango.
Senza quartiere! Attenti!!
Gli sconcertati, i puri,
125 i classici, i famosi, i supplicanti
vi chiudano le porte del baccanale.

E tu, bello Walt Whitman, dormi sulla riva dell'Hudson
con la barba rivolta al polo e con le mani aperte.
Argilla molle o neve, la tua lingua richiama
130 compagni per vegliare la tua gazzella senza corpo.

Dormi, non resta niente.
Una danza di muri scuote le praterie,
l'America si allaga di macchine e di pianto.
Voglio che il vento forte della notte più fonda
135 tolga lettere e fiori dall'arco dove dormi,
e che un bambino nero annunci ai bianchi dell'oro
la venuta del regno della spiga.

233

HUÍDA DE NUEVA YORK
(Dos valses hacia la civilización)

PEQUEÑO VALS VIENÉS

En Viena hay diez muchachas,
un hombro donde solloza la muerte
y un bosque de palomas disecadas.
Hay un fragmento de la mañana
5 en el museo de la escarcha.
Hay un salón con mil ventanas.

¡Ay, ay, ay, ay!
Toma este vals con la boca cerrada.

Este vals, este vals, este vals,
10 de sí, de muerte y de coñac
que moja su cola en el mar.

Te quiero, te quiero, te quiero,
con la butaca y el libro muerto,
por el melancólico pasillo,
15 en el oscuro desván del lirio,
en nuestra cama de la luna
y en la danza que sueña la tortuga.

¡Ay, ay, ay, ay!
Toma este vals de quebrada cintura.

20 En Viena hay cuatro espejos
donde juegan tu boca y los ecos.

PICCOLO VALZER VIENNESE

A Vienna ci sono dieci ragazze,
una spalla dove piange la morte
e un bosco di colombe disseccate.
C'è un frammento del mattino
5 nel museo della brina.
C'è un salone con mille vetrate.

Ahi! Ahi! Ahi! Ahi!
Prendi questo valzer con la bocca chiusa.

Questo valzer, questo valzer, questo valzer,
10 di sì, di morte e di cognac
che si bagna la coda nel mare.

Io ti amo, io ti amo, io ti amo,
con la poltrona e il libro morto,
nel malinconico corridoio,
15 nell'oscura soffitta del giglio,
nel nostro letto della luna,
nella danza che sogna la tartaruga.

Ahi! Ahi! Ahi! Ahi!
Prendi questo valzer dalla spezzata cintura.

20 A Vienna ci sono quattro specchi,
vi giocano la tua bocca e gli echi.

Hay una muerte para piano
que pinta de azul a los muchachos.
Hay mendigos por los tejados.
25 Hay frescas guirnaldas de llanto.

¡Ay, ay, ay, ay!
Toma este vals que se muere en mis brazos.

Porque te quiero, te quiero, amor mío,
en el desván donde juegan los niños,
30 soñando viejas luces de Hungría
por los rumores de la tarde tibia,
viendo ovejas y lirios de nieve
por el silencio oscuro de tu frente.

¡Ay, ay, ay, ay!
35 Toma este vals del «Te quiero siempre».

En Viena bailaré contigo
con un disfraz que tenga
cabeza de río.
¡Mira qué orillas tengo de jacintos!
40 Dejaré mi boca entre tus piernas,
mi alma en fotografías y azucenas,
y en las ondas oscuras de tu andar
quiero, amor mío, amor mío, dejar,
violín y sepulcro, las cintas del vals.

C'è una morte per pianoforte
che tinge d'azzurro i giovanotti.
Ci sono mendichi sui terrazzi.
25 E fresche ghirlande di pianto.

Ahi! Ahi! Ahi! Ahi!
Prendi questo valzer che spira fra le mie braccia.

Perché io ti amo, ti amo, amore mio,
nella soffitta dove giocano i bambini,
30 sognando vecchie luci d'Ungheria
nel mormorio di una sera mite,
vedendo agnelli e gigli di neve
nell'oscuro silenzio delle tue tempie.

Ahi! Ahi! Ahi! Ahi!
35 Prendi questo valzer del «Ti amo sempre».

A Vienna ballerò con te
con un costume
che abbia la testa di fiume.
Guarda queste mie rive di giacinti![1]
40 Lascerò la mia bocca tra le tue gambe,
la mia anima in foto e fiordalisi,
e nelle onde oscure del tuo passo
io voglio, amore mio, amore mio, lasciare,
violino e sepolcro, i nastri del valzer.

[1] È forse un'allusione alla leggenda di Giacinto, connotata di omosessualità
nelle sue diverse versioni; in quella narrata da Ovidio nelle *Metamorfosi* (x,
162-219), dal sangue di Giacinto, principe spartano amato da Apollo, per volere
del dio nasce il fiore rosso del giacinto, i cui petali portano segni che ricordano
il grido lamentoso di Apollo, «Ai, Ai» (si veda qui il ritornello).

EL POETA LLEGA A LA HABANA

SON DE NEGROS EN CUBA

Cuando llegue la luna llena iré a Santiago de Cuba,
iré a Santiago
en un coche de agua negra.
Iré a Santiago.
5 Cantarán los techos de palmera.
Iré a Santiago.
Cuando la palma quiere ser cigüeña,
iré a Santiago.
Y cuando quiere ser medusa el plátano,
10 iré a Santiago.
Iré a Santiago
con la rubia cabeza de Fonseca.
Iré a Santiago.
Y con el rosa de Romeo y Julieta
15 iré a Santiago.
Mar de papel y plata de monedas.
Iré a Santiago.
¡Oh Cuba! ¡Oh ritmo de semillas secas!
Iré a Santiago.

[1] *Son*: ritmo tipico della musica afro-cubana, simile alla rumba, molto di moda a L'Avana nell'epoca della permanenza di Lorca, che coincise anche con la pubblicazione del libro di poesie del giovane poeta cubano Nicolás Guillén, *Motivos de son*. Il «Son» di Lorca venne pubblicato nella rivista cubana «Musicalia» nel numero di aprile-maggio del 1930.

X
IL POETA ARRIVA A L'AVANA

SON[1] DI NERI A CUBA

Quando si leverà la luna piena andrò a Santiago di Cuba,
andrò a Santiago
in un cocchio d'acqua[2] nera.
Andrò a Santiago.
5 Le tettoie di palme canteranno.
Andrò a Santiago.
Quando la palma vuol'essere cicogna,
andrò a Santiago.
E quando vuol essere medusa il banano,
10 andrò a Santiago.
Andrò a Santiago
con la bionda testa di Fonseca.[3]
Andrò a Santiago.
E con il rosa di Romeo e Giulietta
15 andrò a Santiago.
Mare di carta e argento di monete.
Andrò a Santiago.
Oh Cuba! Oh ritmo di sementi secche!
Andrò a Santiago.

[2] Il *coche de agua* era un tipo di imbarcazione.
[3] Qui e nei versi successivi Lorca evoca le stampe viste nell'infanzia nel lato interno del coperchio delle scatole di sigari provenienti da Cuba. Il signor Fonseca era il proprietario della fabbrica di sigari raffigurato in quelle stampe assieme alle medaglie celebrative dei premi ricevuti.

20 ¡Oh cintura caliente y gota de madera!
  Iré a Santiago.
  Arpa de troncos vivos. Caimán. Flor de tabaco.
  Iré a Santiago.
  Siempre he dicho que yo iría a Santiago
25 en un coche de agua negra.
  Iré a Santiago.
  Brisa y alcohol en las ruedas,
  iré a Santiago.
  Mi coral en la tiniebla,
30 iré a Santiago.
  El mar ahogado en la arena,
  iré a Santiago.
  Calor blanco, fruta muerta,
  iré a Santiago.
35 ¡Oh bovino frescor de cañavera!
  ¡Oh Cuba! ¡Oh curva de suspiro y barro!
  Iré a Santiago.

20 Oh cintura cocente e goccia di legno![1]
    Andrò a Santiago.
    Arpa di tronchi vivi. Caimano. Fior di tabacco.
    Andrò a Santiago.
    Ho sempre detto che io andrò a Santiago
25 in un cocchio d'acqua nera.
    Andrò a Santiago.
    Alcool nelle ruote e brezza,
    andrò a Santiago.
    Il mio corallo nella tenebra,
30 andrò a Santiago.
    Il mare soffocato nella rena,
    andrò a Santiago.
    Calore bianco, frutta morta,
    andrò a Santiago.
35 Oh bovino frescore di canneto!
    Oh Cuba! Oh curva di sospiro e fango!
    Andrò a Santiago.

---

[1] Lo scrittore cubano Guillermo Cabrera Infante interpreta «sementi sec-che» e «goccia di legno» come allusioni a strumenti musicali: le *maracas* per il contenuto e i *claves* per la forma (*Lorca hace llover en La Habana* [*Lorca fa piovere a L'Avana*], in «Cuadernos hispanoamericanos», 433-43, 1986, p. 245).

In margine a
POETA A NEW YORK[1]

TRADUZIONE E NOTE
DI NORBERT VON PRELLWITZ

[1] Riportiamo qui alcuni testi che hanno uno stretto legame con quelli inclusi nelle edizioni di *Poeta a New York*, per la data, il luogo di composizione e l'affinità tematica. I testi a fronte sono tratti da F. García Lorca, *Poeta en Nueva York*, a cura di P. Menarini, Espasa-Calpe, Madrid 1990[8]; il testo di «Omega» e quello di «Canzone della morte piccina» provengono da *Poeta en Nueva York. Tierra y luna*, a cura di E. Martín, Ariel, Barcelona 1983.

TIERRA Y LUNA

Me quedo con el transparente hombrecillo
que come los huevos de la golondrina.
Me quedo con el niño desnudo
que pisotean los borrachos de Brooklyn,
5 con las criaturas mudas que pasan bajo los arcos,
con el arroyo de venas ansioso de abrir sus manecitas.

Tierra tan sólo. Tierra.
Tierra para los manteles estremecidos,
para la pupila viciosa de nube,
10 para las heridas recientes y el húmedo pensamiento.
Tierra para todo lo que huye de la tierra.

No es la ceniza en vilo de las cosas quemadas,
ni los muertos que mueven sus lenguas bajo los árboles.
Es la tierra desnuda que bala por el cielo
15 y deja atrás los grupos ligeros de ballenas.

Es la tierra alegrísima, imperturbable nadadora,
la que yo encuentro en el niño y en las criaturas que pasan los
¡Viva tierra de mi pulso y del baile de los helechos,   [arcos.
que deja a veces por el aire un duro perfil de Faraón!

TERRA E LUNA

Io resto con il trasparente omiciattolo
che mangia le uova della rondine.
Resto con il bambino nudo
che è calpestato dagli ubriachi di Brooklyn,
5 con le creature mute che passano sotto gli archi,[1]
con il ruscello di vene desideroso di aprire le manine.

Terra soltanto. Terra.
Terra per le tovaglie intirizzite
e per la pupilla viziosa di nuvola
10 e per le ferite recenti e per l'umido pensiero.
Terra per tutto ciò che fugge dalla terra.

Non è la cenere sospesa delle cose bruciate,
non i morti che muovono la loro lingua sotto gli alberi.
È la terra nuda che bela nel cielo
15 e lascia indietro i gruppi veloci di balene.

È la terra allegrissima, imperterrita nuotatrice,
quella che io trovo nel bambino e nelle creature che passano
Viva terra del mio polso e del ballo delle felci,[sotto gli archi.
che lascia a volte nell'aria un duro profilo di Faraone!

---

[1] L'immagine del passaggio sotto gli archi, come l'attraversamento di una porta, indica nella poesia di Lorca un cambiamento radicale di stato.

20 Me quedo con la mujer fría,
donde se queman los musgos inocentes;
me quedo con los borrachos de Brooklyn
que pisan al niño desnudo;
me quedo con los signos desgarrados
25 de la lenta comida de los osos.

Pero entonces bajó la luna despeñada por las escaleras,
poniendo las ciudades de hule celeste y talco sensitivo,
llenando de pies de mármol la llanura sin recodos
y olvidando, bajo las sillas, diminutas carcajadas de algodón.

30 ¡Oh Diana, Diana, Diana vacía!
Convexa resonancia donde la abeja se vuelve loca.
Mi amor es paso, tránsito, larga muerte gustada,
nunca la piel ilesa de tu desnudo huido.

Es tierra, ¡Dios mío!, tierra, lo que vengo buscando.
35 Embozo de horizonte, latido y sepultura.
Es dolor que se acaba y amor que se consume.
Torre de sangre abierta con las manos quemadas.

Pero la luna subía y bajaba las escaleras,
repartiendo lentejas desangradas en los ojos,
40 dando escobazos de plata a los niños de los muelles
y borrando mi apariencia por el término del aire.

28 de agosto 1929, Cabaña de Dew Kun Inn, Eden Mills, Vermont

²⁰ Io resto con la donna fredda,
là dove i muschi innocenti vengono bruciati;
resto con gli ubriachi di Brooklyn
che calpestano il bimbo nudo;
e resto con i segni dilaniati
²⁵ del flemmatico pasto degli orsi.

Ma allora venne giù la luna a precipizio per le scale,
mutando le città in celeste tela incerata e in talco sensitivo,
riempiendo di piedi di marmo la pianura priva di svolte
e scordando, sotto le sedie, piccolissime risate di cotone.

³⁰ Oh Diana, Diana, Diana vuota,
convessa risonanza dove l'ape diventa folle!
Il mio amore è passaggio, transito, lunga morte gustata,
giammai la pelle illesa del tuo nudo fuggito.

È terra – Dio mio! –, terra, quello che sto cercando.
³⁵ Intabarrato orizzonte, palpito e sepoltura.
È dolore che termina, è amore che conclude.
Torre di sangue aperto con le mani bruciate.

Ma la luna per le scale saliva e scendeva,
distribuendo negli occhi lenticchie dissanguate
⁴⁰ e colpi di scopa d'argento ai bambini dei moli,
cancellando la mia apparenza all'estremo dell'aria.

28 agosto 1929, Capanna di Dew Kun Inn,[1] *Eden Mills, Vermont*

---

[1] Il manoscritto conservato negli archivi Lorca designa il locale in modo errato come «Duw Kun Inn – Edem Mills – Vermont». Menarini osserva che «Terra e luna» costituisce una premessa delle due poesie incluse nella quarta sezione di *Poeta a New York*.

PEQUEÑO POEMA INFINITO

Equivocar el camino
es llegar a la nieve
y llegar a la nieve
es pacer durante varios siglos las hierbas de los cementerios.
5 Equivocar el camino
es llegar a la mujer
la mujer que no teme a la luz
la mujer que mata dos gallos en un segundo
la luz que no teme a los gallos
10 y los gallos que no saben cantar sobre la nieve.
Pero si la nieve se equivoca de corazón
puede llegar el viento Austro
y como el aire no hace caso de los gemidos
tendremos que pacer otra vez las hierbas de los cementerios.
15 Yo vi dos dolorosas espigas de cera
que enterraban un paisaje de volcanes
y vi dos niños locos
que empujaban llorando las pupilas de un asesino.
Pero el dos no ha sido nunca un número
20 porque es una angustia y su sombra
porque es la guitarra donde el amor se desespera
porque es la demostración del otro infinito que no es suyo
y es las murallas del muerto
y el castigo de la nueva resurrección sin finales.
25 Los muertos odian el número dos
pero el número dos adormece a las mujeres
y como la mujer teme la luz
la luz tiembla delante de los gallos

PICCOLA POESIA INFINITA

Sbagliare strada
è arrivare alla neve
e arrivare alla neve
è pascolare per diversi secoli l'erba dei cimiteri.[1]
5 Sbagliare strada
è arrivare alla donna
la donna che non teme la luce
la donna che ammazza due galli in un secondo
la luce che non teme i galli
10 e i galli che non sanno cantare sulla neve.
Ma se la neve sbaglia cuore
può arrivare il vento Austro
e poiché l'aria non fa caso ai gemiti
dovremo pascolare un'altra volta l'erba dei cimiteri.
15 Io ho visto due dolorose spighe di cera
sotterrare un paesaggio di vulcani
e ho visto due bambini pazzi
che piangendo spingevano le pupille di un assassino.
Ma il due non è mai stato un numero
20 perché è un'angoscia e la sua ombra
perché è la chitarra dove l'amore si dispera
perché è la dimostrazione dell'altro infinito che non è suo
ed è le mura del morto
e il castigo della nuova risurrezione senza finali.
25 I morti odiano il numero due
ma il numero due addormenta le donne
e poiché la donna teme la luce
la luce trema davanti ai galli

---

[1] Qui è esplicita la connotazione mortale dell'erba, implicita in vari componimenti di *Poeta a New York*.

y los gallos sólo saben volar sobre la nieve
30 tendremos que pacer sin descanso las hierbas de los cementerios.

10 de enero 1930, New York

CANCIÓN DE LA MUERTE PEQUEÑA

Prado mortal de lunas
y sangre bajo tierra.
Prado de sangre vieja.

Luz de ayer y mañana.
5 Cielo mortal de hierba.
Luz y noche de arena.

Me encontré con la muerte.
Prado mortal de tierra.
Una muerte pequeña.

10 El perro en el tejado.
Sola mi mano izquierda
atravesaba montes
sin fin de flores secas.

Catedral de ceniza.
15 Luz y noche de arena.
Una muerte pequeña.

Una muerte y yo un hombre.

e i galli sanno solo volare sulla neve
30 dovremo pascolare senza requie l'erba dei cimiteri.

10 gennaio 1930, New York

CANZONE DELLA MORTE PICCINA[1]

Prato mortale di lune
e di sangue sottoterra.
Prato di sangue vecchio.

Luce di ieri e di domani.
5 Cielo mortale d'erba.[2]
Luce e notte di sabbia.

Ho incontrato la morte.
Prato mortale di terra.
Una morte piccina.

10 Il cane sul tetto.
Solo la mia mano sinistra
attraversa monti
senza fine di fiori secchi.

Cattedrale di cenere.
15 Luce e notte di sabbia.
Una morte piccina.

Una morte e io un uomo.

[1] Eutimio Martín, e con lui altri studiosi, identificano questa poesia con il testo intitolato «Encuentro» («Incontro») incluso in un elenco del progettato libro *Terra e luna*.
[2] Il prato è un cielo visto da sottoterra.

Un hombre solo, y ella
una muerte pequeña.

20 Prado mortal de lunas.
La nieve gime y tiembla
por detrás de la puerta.

Un hombre, ¿y qué? Lo dicho.
Un hombre solo y ella.
25 Prado, amor, luz y arena.

1933

OMEGA
(Poema para muertos)

Las hierbas.

Yo me cortaré la mano derecha.
Espera.

Las hierbas.

5 Tengo un guante de mercurio y otro de seda.
Espera.

¡Las hierbas!

No solloces. Silencio. Que no nos sientan.
Espera.

10 ¡Las hierbas!

Un uomo solo, e lei
una morte piccina.

20 Prato mortale di lune.
La neve geme e trema
al di là della porta.

Un uomo, e che? L'ho detto.
Un uomo solo, e lei.
25 Prato, amore, luce e sabbia.

1933

OMEGA
(Poesia per morti)

Le erbe.

Io mi taglierò la mano destra.
Aspetta.

Le erbe.

5 Ho un guanto di mercurio e un altro di seta.
Aspetta.

Le erbe!

Non singhiozzare. Silenzio. Che non ci sentano.
Aspetta.

10 Le erbe!

Se cayeron las estatuas
al abrirse la gran puerta.

¡¡Las hierbaaas!!

Sono crollate le statue
quando la grande porta si è aperta.

Le erbeee!!

COMPIANTO PER
IGNAZIO SÁNCHEZ MEJÍAS[1]

LLANTO POR
IGNACIO SÁNCHEZ MEJÍAS
1935

TRADUZIONE E NOTE
DI LORENZO BLINI

[1] Ignacio Sánchez Mejías (1891-1934), famoso torero sivigliano, cognato di un altro grande torero, Joselito, appassionato di flamenco, teatro e letteratura, era amico di molti giovani esponenti dell'avanguardia poetica degli anni Venti, fra cui Lorca e Alberti. Nel 1927, poco dopo essersi ritirato dall'arena, organizzò e sovvenzionò il famoso viaggio a Siviglia che concluse le celebrazioni del tricentenario della morte di Góngora, ospitando nella sua tenuta di Pino Montano il gruppo di intellettuali partecipanti (tra i quali Lorca, Jorge Guillén, Bergamín, Dámaso Alonso, Gerardo Diego). Nel 1929, a New York, Lorca lo incontrò spesso in compagnia di Encarnación López Júlvez, detta *la Argentinita*, cantante e ballerina con la quale Lorca collaborerà al suo ritorno in Spagna e a cui è dedicato il *Compianto per Ignazio*. Fu nel maggio del 1934 che Sánchez Mejías prese la decisione di tornare nell'arena. Tre mesi più tardi, l'11 agosto, nella *plaza de toros* di Manzanares, venne incornato nella parte alta della coscia destra dal toro Granadino. Trasportato a Madrid, morì il mattino del giorno 13. Lorca, anch'egli a Madrid, si mantenne costantemente informato sulle condizioni dell'amico agonizzante, ma sembra che non trovò la forza di andarlo a visitare, né di porgergli l'estremo saluto nella camera ardente. Il 14 agosto il corpo di Sánchez Mejías fu portato in processione alla stazione ferroviaria di Atocha, per essere successivamente trasferito a Siviglia, dove venne sepolto nella stessa tomba del cognato Joselito. Il quotidiano di Madrid «ABC» pubblicò l'ora della processione: *«A LAS CINCO DE LA TARDE».*

Lorca si mise al lavoro nel mese di settembre, e nel giro di due mesi il *Compianto* era terminato: il 4 novembre lesse infatti il testo del poema a Carlos Morla Lynch, e poco dopo ripeté la lettura a casa di Fernando de los Ríos. Probabilmente alla fine di aprile 1935, dopo alcune letture pubbliche, apparve la prima edizione del *Llanto por Ignacio Sánchez Mejías* (Ediciones del Árbol, Cruz y Raya, Madrid). Il testo a fronte è tratto da Federico García Lorca, *Diván del Tamarit. Seis poemas galegos. Llanto por Ignacio Sánchez Mejías*, a cura di Andrew A. Anderson, Espasa-Calpe, Madrid 1988, che segue il testo della prima edizione.

I
LA COGIDA Y LA MUERTE

A las cinco de la tarde.
Eran las cinco en punto de la tarde.
Un niño trajo la blanca sábana
a las cinco de la tarde.
5 Una espuerta de cal ya prevenida
a las cinco de la tarde.
Lo demás era muerte y sólo muerte
a las cinco de la tarde.

El viento se llevó los algodones
10 *a las cinco de la tarde.*
Y el óxido sembró cristal y níquel
a las cinco de la tarde.
Ya luchan la paloma y el leopardo
a las cinco de la tarde.
15 Y un muslo con un asta desolada
a las cinco de la tarde.
Comenzaron los sones de bordón
a las cinco de la tarde.

---

¹ La calce viene utilizzata nell'arena per coprire e asciugare il sangue. Inoltre la calce viva era gettata nelle tombe allo scopo di ritardare la putrefazione dei corpi.
² Il termine è qui usato nell'accezione di canna o corda che emette un suono

258

I

L'INCORNATA E LA MORTE

Alle cinque della sera.
Erano le cinque in punto della sera.
Un ragazzo portò il bianco lenzuolo
alle cinque della sera.
5 Una sporta di calce preparata[1]
alle cinque della sera.
Tutto il resto era morte e solo morte
alle cinque della sera.

L'ovatta fu portata via dal vento
10 *alle cinque della sera.*
L'ossido seminò cristallo e nichel
alle cinque della sera.
Già lotta la colomba col leopardo
alle cinque della sera.
15 E una coscia e un corno desolato
alle cinque della sera.
Iniziano le note di bordone[2]
alle cinque della sera.

---

grave e prolungato, il quale in questo caso potrebbe accompagnare una marcia
funebre. Tuttavia, la parola spagnola *bordón* ha anche il significato di ritornello,
e può dunque riferirsi al verso «alle cinque della sera» che viene costantemente
ripetuto in questa parte del poema.

259

Las campanas de arsénico y el humo
20 *a las cinco de la tarde.*
En las esquinas grupos de silencio
a las cinco de la tarde.
¡Y el toro solo corazón arriba!
a las cinco de la tarde.
25 Cuando el sudor de nieve fue llegando
a las cinco de la tarde,
cuando la plaza se cubrió de yodo
a las cinco de la tarde,
la muerte puso huevos en la herida
30 *a las cinco de la tarde.*
A las cinco de la tarde.
A las cinco en punto de la tarde.

Un ataúd con ruedas es la cama
a las cinco de la tarde.
35 Huesos y flautas suenan en su oído
a las cinco de la tarde.
El toro ya mugía por su frente
a las cinco de la tarde.
El cuarto se irisaba de agonía
40 *a las cinco de la tarde.*
A lo lejos ya viene la gangrena
a las cinco de la tarde.
Trompa de lirio por las verdes ingles
a las cinco de la tarde.
45 Las heridas quemaban como soles
a las cinco de la tarde,
y el gentío rompía las ventanas
a las cinco de la tarde.
A las cinco de la tarde.
50 ¡Ay qué terribles cinco de la tarde!
¡Eran las cinco en todos los relojes!
¡Eran las cinco en sombra de la tarde!

Le campane di arsenico e il fumo
20 *alle cinque della sera.*
Negli angoli dei gruppi di silenzio
alle cinque della sera.
E il toro solo con il cuore in alto!
alle cinque della sera.
25 Quando comparve il sudore di neve
alle cinque della sera,
quando l'arena si coprì di iodio
alle cinque della sera,
la morte pose uova nello squarcio
30 *alle cinque della sera.*
Alle cinque della sera.
Alle cinque in punto della sera.

È una bara con ruote il suo giaciglio
alle cinque della sera.
35 Ossa e flauti gli suonano all'orecchio
alle cinque della sera.
Il toro gli mugghiava sulla fronte
alle cinque della sera.
La stanza si iridava di agonia
40 *alle cinque della sera.*
Da lontano ora giunge la cancrena
alle cinque della sera.
Tromba d'iris nei suoi inguini verdi
alle cinque della sera.
45 Bruciavano le piaghe come soli
alle cinque della sera,
e la folla rompeva le finestre
alle cinque della sera.
Alle cinque della sera.
50 Ah che terribili cinque della sera!
Erano le cinque in tutti gli orologi!
Erano le cinque in ombra della sera!

II
LA SANGRE DERRAMADA

¡Que no quiero verla!

Dile a la luna que venga,
55 que no quiero ver la sangre
de Ignacio sobre la arena.

¡Que no quiero verla!

La luna de par en par,
caballo de nubes quietas,
60 y la plaza gris del sueño
con sauces en las barreras.

¡Que no quiero verla!
Que mi recuerdo se quema.
¡Avisad a los jazmines
65 con su blancura pequeña!

¡Que no quiero verla!

La vaca del viejo mundo
pasaba su triste lengua
sobre un hocico de sangres
70 derramadas en la arena,
y los toros de Guisando,
casi muerte y casi piedra,
mugieron como dos siglos
hartos de pisar la tierra.
75 No.
¡Que no quiero verla!

II
IL SANGUE VERSATO

No, non voglio vederlo!

Di' alla luna di venire,
55 non voglio vedere il sangue
di Ignazio sulla sabbia.

No, non voglio vederlo!

Una luna spalancata,
cavallo di nubi tranquille,
60 e l'arena grigia del sogno
con salici in prima fila.

No, non voglio vederlo!
Il mio ricordo si brucia.
Avvisate i gelsomini
65 dalla bianchezza minuta!

No, non voglio vederlo!

La vacca del vecchio mondo
passava la triste lingua
sopra un muso di sangui
70 versati sulla sabbia,
e i tori di Guisando,[1]
quasi morte e quasi pietra,
mugghiarono come due secoli
stanchi di pestare terra.
75 No.
No, non voglio vederlo!

[1] Preistoriche statue di pietra rinvenute a Guisando, presso Ávila, raffiguranti quattro animali comunemente identificati come tori.

Por las gradas sube Ignacio
con toda su muerte a cuestas.
Buscaba el amanecer,
80 y el amanecer no era.
Busca su perfil seguro,
y el sueño lo desorienta.
Buscaba su hermoso cuerpo
y encontró su sangre abierta.
85 ¡No me digáis que la vea!
No quiero sentir el chorro
cada vez con menos fuerza;
ese chorro que ilumina
los tendidos y se vuelca
90 sobre la pana y el cuero
de muchedumbre sedienta.
¿Quién me grita que me asome?
¡No me digáis que la vea!
No se cerraron sus ojos
95 cuando vio los cuernos cerca,
pero las madres terribles
levantaron la cabeza.
Y a través de las ganaderías
hubo un aire de voces secretas,
100 que gritaban a toros celestes
mayorales de pálida niebla.
No hubo príncipe en Sevilla
que comparársele pueda,
ni espada como su espada
105 ni corazón tan de veras.
Como un río de leones
su maravillosa fuerza,
y como un torso de mármol
su dibujada prudencia.
110 Aire de Roma andaluza

Le tribune sale Ignazio,
tutta la sua morte addosso.
Stava cercando l'aurora,
80 però l'aurora non era.
Cerca il suo fermo profilo,
e il sogno lo disorienta.
Cercava il suo corpo bello
e trovò il suo sangue aperto.
85 Non mi dite di vederlo!
Non voglio sentire il fiotto
farsi ogni volta più debole;
questo fiotto che rischiara
le tribune e si rovescia
90 sul fustagno e sul cuoio
di quella folla assetata.
Chi mi grida di affacciarmi?
Non mi dite di vederlo!
Non si chiusero i suoi occhi,
95 guardò le corna vicine,
ma le terribili madri
sollevarono la testa.
E spazzò gli allevamenti
vento di voci segrete,
100 che urlavano a tori celesti
mandriani di pallida nebbia.
Nessun grande ebbe Siviglia
che comparargli si possa,
né spada come la sua
105 né cuore tanto sincero.
Come un fiume di leoni
la sua magnifica forza,
e come un busto di marmo
la sua tracciata prudenza.
110 Vento di Roma andalusa[1]

---

[1] Versi 108-111: come segnala Belamich, seguendo uno scritto inedito di
Francisco García Lorca, l'evocazione dell'Andalusia romana rimanda alla città di
Cordova (Federico García Lorca, *Œuvres complètes*, cit., p. 1581.)

le doraba la cabeza
donde su risa era un nardo
de sal y de inteligencia.
¡Qué gran torero en la plaza!
115 ¡Qué buen serrano en la sierra!
¡Qué blando con las espigas!
¡Qué duro con las espuelas!
¡Qué tierno con el rocío!
¡Qué deslumbrante en la feria!
120 ¡Qué tremendo con las últimas
banderillas de tiniebla!

Pero ya duerme sin fin.
Ya los musgos y la hierba
abren con dedos seguros
125 la flor de su calavera.
Y su sangre ya viene cantando:
cantando por marismas y praderas,
resbalando por cuernos ateridos,
vacilando sin alma por la niebla,
130 tropezando con miles de pezuñas,
como una larga, oscura, triste lengua,
para formar un charco de agonía
junto al Guadalquivir de las estrellas.

¡Oh blanco muro de España!
135 ¡Oh negro toro de pena!
¡Oh sangre dura de Ignacio!
¡Oh ruiseñor de sus venas!

---

[1] Versi 114-121: si veda la strofa 26 delle *Coplas* di Jorge Manrique («*¡Qué amigo de sus amigos!...*»).

[2] È nel corso dei festeggiamenti delle *ferias*, le tradizionali fiere del bestiame, che hanno luogo le migliori corride dell'anno.

266

indorava la sua testa
dove il sorriso era un nardo
di sale e d'intelligenza.
Che torero nell'arena![1]
5 Che montanaro in montagna!
Che tenero con le spighe!
Che duro con gli speroni!
Che dolce con la rugiada!
Che sfolgorante alla feria![2]
10 Che tremendo con le ultime
banderillas[3] di tenebra!

Ma adesso dorme per sempre.
Adesso le erbe e i muschi
aprono con dita esperte
5 la corolla del suo teschio.
E il suo sangue adesso sta cantando:
cantando per maremme e praterie,
scivolando su corna raggelate,
vacillando nella nebbia senz'anima,
10 inciampando su zoccoli a migliaia,
come una lunga, oscura, triste lingua,
per formare una pozza d'agonia
vicino al Guadalquivir delle stelle.

Oh bianco muro di Spagna!
5 Oh nero toro di pena!
Oh sangue duro di Ignazio!
Oh usignolo delle vene!

[3] Bastoni lunghi circa ottanta centimetri, adornati con carta colorata, provvisti di una punta uncinata a una delle estremità, che, a coppie, vengono piantati dal torero (*banderillero*) sul collo del toro nel corso della seconda delle tre fasi della corrida, il cosiddetto *tercio de banderillas*.

No.

¡Que no quiero verla!

140 Que no hay cáliz que la contenga,
que no hay golondrinas que se la beban,
no hay escarcha de luz que la enfríe,
no hay canto ni diluvio de azucenas,
no hay cristal que la cubra de plata.

145 No.

¡¡Yo no quiero verla!!

No.
No, non voglio vederlo!
140 Non c'è calice che lo contenga,
    non c'è rondine che se lo beva,[1]
    non c'è brina di luce che lo geli,
    non c'è canto né diluvio di gigli,
    non c'è cristallo che lo copra d'argento.
145 No.
    Io non voglio vederlo!!

---

[1] La leggenda narra che le rondini bevvero il sangue di Cristo (Carlos Ramos-Gil, *Claves liricas de G. L.*, cit., p. 26).

III
CUERPO PRESENTE

La piedra es una frente donde los sueños gimen
sin tener agua curva ni cipreses helados.
La piedra es una espalda para llevar al tiempo
150 con árboles de lágrimas y cintas y planetas.

Yo he visto lluvias grises correr hacia las olas
levantando sus tiernos brazos acribillados,
para no ser cazadas por la piedra tendida
que desata sus miembros sin empapar la sangre.

155 Porque la piedra coge simientes y nublados,
esqueletos de alondras y lobos de penumbra;
pero no da sonidos, ni cristales, ni fuego,
sino plazas y plazas y otra plaza sin muros.

Ya está sobre la piedra Ignacio el bien nacido.
160 Ya se acabó. ¡Qué pasa! ¡Contemplad su figura!
La muerte lo ha cubierto de pálidos azufres
y le ha puesto cabeza de oscuro minotauro.

Ya se acabó. La lluvia penetra por su boca.
El aire como loco deja su pecho hundido,
165 y el Amor, empapado con lágrimas de nieve,
se calienta en la cumbre de las ganaderías.

¿Qué dicen? Un silencio con hedores reposa.
Estamos con un cuerpo presente que se esfuma,

III
CORPO PRESENTE[1]

La pietra[2] è una fronte dove gemono i sogni
senza avere acqua curva né cipressi gelati.
La pietra è una schiena per trasportare il tempo
con alberi di lacrime, con nastri e con pianeti.

Io ho visto piogge grigie correre verso il mare
sollevando le tenere braccia crivellate,
per sfuggire alla caccia della pietra distesa
che ne scioglie le membra senza assorbirne il sangue.

Perché la pietra prende semi e cieli coperti,
e scheletri di allodole e lupi di penombra;
ma non emette suoni, né cristalli, né fuoco,
ma arene e altre arene, arene senza mura.

È steso sulla pietra ora Ignazio il ben nato.
È finita! Che accade! Osservate il suo aspetto!
La morte lo ha coperto di impalliditi zolfi
e gli ha messo una testa di oscuro minotauro.

È finita. La pioggia gli entra nella bocca.
L'aria come impazzita lascia il petto infossato,
e l'Amore, inzuppato di lacrime di neve,
si scalda sulla cima dei pascoli taurini.

Che dicono? Un silenzio con fetori riposa.
Siamo dinanzi a un corpo presente che svanisce,

[1] L'espressione spagnola *cuerpo presente* si riferisce alla salma che viene vegliata nella sua casa. La traduzione letterale permette di rispettare il contrasto con il titolo della quarta e ultima parte: «Anima assente».
[2] Secondo un'ovvia interpretazione, si tratterebbe della pietra sepolcrale. Tuttavia Marcelle Auclair riporta una confidenza di Lorca a José Caballero, illustratore della prima edizione: sembra che il poeta avesse in mente «la lunga pietra, rozzamente levigata, che serviva come tavolo operatorio nelle infermerie delle antiche arene» (*Enfances et mort de G. L.*, cit., p. 26).

271

con una forma clara que tuvo ruiseñores
170 y la vemos llenarse de agujeros sin fondo.

¿Quién arruga el sudario? ¡No es verdad lo que dice!
Aquí no canta nadie, ni llora en el rincón,
ni pica las espuelas, ni espanta la serpiente:
aquí no quiero más que los ojos redondos
175 para ver ese cuerpo sin posible descanso.

Yo quiero ver aquí los hombres de voz dura.
Los que doman caballos y dominan los ríos:
los hombres que les suena el esqueleto y cantan
con una boca llena de sol y pedernales.

180 Aquí quiero yo verlos. Delante de la piedra.
Delante de este cuerpo con las riendas quebradas.
Yo quiero que me enseñen dónde está la salida
para este capitán atado por la muerte.

Yo quiero que me enseñen un llanto como un río
185 que tenga dulces nieblas y profundas orillas,
para llevar el cuerpo de Ignacio y que se pierda
sin escuchar el doble resuello de los toros.

Que se pierda en la plaza redonda de la luna
que finge cuando niña doliente res inmóvil;
190 que se pierda en la noche sin canto de los peces
y en la maleza blanca del humo congelado.

No quiero que le tapen la cara con pañuelos
para que se acostumbre con la muerte que lleva.
Vete, Ignacio: No sientas el caliente bramido.
195 Duerme, vuela, reposa: ¡También se muere el mar!

a una nitida forma che ebbe un tempo usignoli
70 e vediamo colmarsi di fori senza fondo.

Chi gualcisce il sudario? È falso ciò che dice![1]
Qui non canta nessuno, né in un angolo piange,
né pianta gli speroni, né spaventa il serpente:
qui non voglio nient'altro che degli occhi rotondi
75 per vedere quel corpo senza requie possibile.

Voglio vedere gli uomini che hanno la voce dura.
Che domano i cavalli e dominano i fiumi:
gli uomini a cui suona lo scheletro e che cantano
con una bocca piena di sole e di granito.

80 Io qui voglio vederli. Davanti a questa pietra.
Davanti a questo corpo con le briglie spezzate.
Io voglio che mi mostrino dov'è la via d'uscita
per questo capitano legato dalla morte.

Io voglio che mi mostrino un pianto come un fiume
85 che abbia dolci le nebbie e profonde le rive,
per trasportare il corpo di Ignazio e che si perda
senza ascoltare il duplice ansimare dei tori.

Si perda nell'arena rotonda della luna
che piccola si finge dolente bestia immobile;
90 si perda nella notte senza canto dei pesci
e nel roveto bianco del fumo congelato.

Non voglio che gli coprano con fazzoletti il viso
perché possa abituarsi alla morte che porta.
Vattene: Non sentire, Ignazio, il caldo mugghio.
95 Dormi, vola, riposa: Anche il mare perisce!

[1] Anderson segnala che, secondo le cronache del tempo, Ignazio Sánchez Mejías aveva dato disposizione che al suo funerale un sudario gli coprisse il corpo intero, contrariamente a quanto avveniva tradizionalmente nelle processioni funebri dei toreri uccisi nell'arena, ai quali veniva lasciato scoperto il viso.

IV
ALMA AUSENTE

No te conoce el toro ni la higuera,
ni caballos ni hormigas de tu casa.
No te conoce el niño ni la tarde
porque te has muerto para siempre.

200 No te conoce el lomo de la piedra,
ni el raso negro donde te destrozas.
No te conoce tu recuerdo mudo
porque te has muerto para siempre.

El Otoño vendrá con caracolas,
205 uva de niebla y montes agrupados,
pero nadie querrá mirar tus ojos
porque te has muerto para siempre.

Porque te has muerto para siempre,
como todos los muertos de la Tierra,
210 como todos los muertos que se olvidan
en un montón de perros apagados.

No te conoce nadie. No. Pero yo te canto.
Yo canto para luego tu perfil y tu gracia.
La madurez insigne de tu conocimiento.
215 Tu apetencia de muerte y el gusto de su boca.
La tristeza que tuvo tu valiente alegría.

Tardará mucho tiempo en nacer, si es que nace,
un andaluz tan claro, tan rico de aventura.
Yo canto su elegancia con palabras que gimen
220 y recuerdo una brisa triste por los olivos.

[1] Si tratta delle conchiglie usate dai pastori per inviarsi segnali. Cfr. *Yerma*, atto II: «Si sente il suono prolungato e triste delle conchiglie dei pastori».
[2] Nell'arena Sánchez Mejías dimostrava uno spericolato coraggio, esponendosi a rischi eccezionali.
[3] Marcelle Auclair riferisce una testimonianza secondo la quale il giovane Sánchez Mejías, mentre si allenava, fingeva che la brezza tra gli olivi fosse

IV
ANIMA ASSENTE

Non ti conosce il toro, non il fico,
né cavalli e formiche della casa.
Non ti conosce il bimbo né la sera
perché tu sei morto per sempre.

200 Non ti conosce il dorso della pietra,
né il raso nero dove ti distruggi.
Non ti conosce il tuo ricordo muto
perché tu sei morto per sempre.

L'Autunno arriverà con le conchiglie,[1]
205 uva di nebbia e monti radunati,
ma nessuno vorrà guardarti gli occhi
perché tu sei morto per sempre.

Perché tu sei morto per sempre,
come qualsiasi morto della Terra,
210 come qualsiasi morto che si scorda
perso in un cumulo di cani spenti.

Nessuno ti conosce. No. Io però ti canto.
Canto per il futuro il tuo viso e il tuo garbo.
La compiutezza insigne della tua conoscenza.
215 La tua voglia di morte, di gustarne la bocca.[2]
La tristezza che aveva la tua audace allegria.

Tarderà molto tempo a nascere, se nasce,
un andaluso così illustre e ricco d'avventura.
Canto la sua eleganza con parole che gemono
220 e ricordo una brezza triste nell'oliveto.[3]

l'applauso del pubblico e rispondeva salutando con la mano (*Enfances et mort de G. L.*, cit., p. 30). Inoltre, José Bergamín affermò di aver discusso con Lorca a proposito di questo verso, con il risultato di riscriverlo: «Adesso non so se il verso definitivo è suo o mio, o è il prodotto della collaborazione di entrambi. Quello che so è che lo dovevamo fare insieme» (Federico García Lorca, *Poeta en Nueva York. Tierra y luna*, a cura di Eutimio Martín, cit., p. 42).

DIVÁN DEL TAMARIT[1]
1940

TRADUZIONE E NOTE
DI LORENZO BLINI

[1] Nonostante il libro fosse terminato alla fine dell'estate del 1934, come testimonia Emilio García Gómez, la sua pubblicazione venne ritardata per varie ragioni, tra le quali figurano anche motivi politici. La prima edizione del *Diván del Tamarit* apparve postuma in un numero speciale della «Revista Hispánica Moderna», New York, VI, nn. 3-4 (luglio-ottobre 1940), pp. 307-11. Tuttavia, alcune poesie erano già apparse in varie occasioni.

Emilio García Gómez aveva preparato il manoscritto e la prefazione per l'edizione del *Diván del Tamarit* che l'Università di Granada avrebbe dovuto pubblicare, ma che non apparve mai. Vi si legge («Nota al *Diván del Tamarit*», in *La silla del moro*, Revista de Occidente, Madrid 1948, pp. 139-40): «[...] Lorca ci disse allora di avere composto, in omaggio a questi antichi poeti di Granada, una collezione di *casidas* e *gacelas*, vale a dire un *Diván*, che, dal nome di una tenuta della sua famiglia, dove ne aveva scritte una buona parte, si sarebbe chiamato *del Tamarit*». «Huerta del Tamarit» era infatti il nome, di origine araba, della proprietà di uno zio di Lorca, situata nelle campagne intorno a Granada.

García Gómez spiega inoltre che la *casida* e la *gacela* sono due tipi di componimento poetico arabi, regolati da precisi canoni metrici, e che in arabo viene chiamata *diván* la raccolta dei componimenti di un poeta, generalmente catalogati in base all'ordine alfabetico delle rime, precisando quindi che Lorca non rispetta le strutture tradizionali corrispondenti alle denominazioni arabe della sua raccolta.

Il testo a fronte è tratto da Federico García Lorca, *Diván del Tamarit. Seis poemas galegos. Llanto por Ignacio Sánchez Mejías*, a cura di Andrew A. Anderson, Espasa- Calpe, Madrid 1988.

GACELA III
DEL AMOR DESESPERADO

La noche no quiere venir
para que tú no vengas,
ni yo pueda ir.

Pero yo iré,
5 aunque un sol de alacranes me coma la sien.

Pero tú vendrás
con la lengua quemada por la lluvia de sal.

El día no quiere venir
para que tú no vengas,
10 ni yo pueda ir.

Pero yo iré
entregando a los sapos mi mordido clavel.

Pero tú vendrás
por las turbias cloacas de la oscuridad.

15 Ni la noche ni el día quieren venir
para que por ti muera
y tú mueras por mí.

GACELA III
DELL'AMORE DISPERATO

La notte non vuole arrivare
in modo che tu non arrivi,
e io non possa andare.

Ma io andrò,
5 anche con tempie rose da un sole di scorpioni.

Ma tu verrai
con la lingua bruciata dalla pioggia di sale.

Il giorno non vuole arrivare
in modo che tu non arrivi
10 e io non possa andare.

Ma io andrò
dando in consegna ai rospi il mio morso garofano.

Ma tu verrai
per le fosche cloache dell'oscurità.

15 Né la notte né il giorno vogliono arrivare
perché per te io muoia
e tu muoia per me.

GACELA V
DEL NIÑO MUERTO

Todas las tardes en Granada,
todas las tardes se muere un niño.
Todas las tardes el agua se sienta
a conversar con sus amigos.

5 Los muertos llevan alas de musgo.
El viento nublado y el viento limpio
son dos faisanes que vuelan por las torres
y el día es un muchacho herido.

No quedaba en el aire ni una brizna de alondra
10 cuando yo te encontré por las grutas del vino.
No quedaba en la tierra ni una miga de nube
cuando te ahogabas por el río.

Un gigante de agua cayó sobre los montes
y el valle fue rodando con perros y con lirios.
15 Tu cuerpo, con la sombra violeta de mis manos,
era, muerto en la orilla, un arcángel de frío.

GACELA VIII
DE LA MUERTE OSCURA

Quiero dormir el sueño de las manzanas,
alejarme del tumulto de los cementerios.
Quiero dormir el sueño de aquel niño
que quería cortarse el corazón en alta mar.

GACELA V
DEL BAMBINO MORTO

Tutte le sere a Granada,
tutte le sere muore un bambino.
Tutte le sere l'acqua si siede
a conversare con gli amici.

5 I morti hanno le ali di muschio.
Il vento velato e il vento limpido
sono due fagiani in volo sulle torri
e il giorno è un ragazzo ferito.

Non restava nell'aria una traccia d'allodola
10 quando io ti incontrai nelle grotte del vino.
Non restava per terra un briciolo di nube
quando stavi affogando nel fiume.

Un gigante d'acqua precipitò sui monti
e la valle ruotò con cani e fiordalisi.
15 Il tuo corpo, con l'ombra viola delle mie mani,
sulla riva era un morto arcangelo di freddo.

GACELA VIII
DELLA MORTE OSCURA[1]

Voglio dormire il sonno delle mele,
allontanarmi dal tumulto dei cimiteri.
Voglio dormire il sonno di quel bambino
che voleva tagliarsi il cuore in alto mare.

[1] Datata nel manoscritto 5 aprile 1934.

5 No quiero que me repitan que los muertos no pierden la sangre;
que la boca podrida sigue pidiendo agua.
No quiero enterarme de los martirios que da la hierba,
ni de la luna con boca de serpiente
que trabaja antes del amanecer.

10 Quiero dormir un rato,
un rato, un minuto, un siglo;
pero que todos sepan que no he muerto;
que hay un establo de oro en mis labios;
que soy el pequeño amigo del viento Oeste;
15 que soy la sombra inmensa de mis lágrimas.

Cúbreme por la aurora con un velo
porque me arrojará puñados de hormigas,
y moja con agua dura mis zapatos
para que resbale la pinza de su alacrán.

20 Porque quiero dormir el sueño de las manzanas
para aprender un llanto que me limpie de tierra;
porque quiero vivir con aquel niño oscuro
que quería cortarse el corazón en alta mar.

GACELA X
DE LA HUÍDA

Me he perdido muchas veces por el mar
con el oído lleno de flores recién cortadas,
con la lengua llena de amor y de agonía.
Muchas veces me he perdido por el mar,
5 como me pierdo en el corazón de algunos niños.

5 Non voglio che mi ripetano che i morti non perdono il sangue;
che la bocca marcita continua a chiedere acqua.
Non voglio sapere del martirio che dà l'erba,
né della luna con la bocca di serpente
che lavora prima che faccia l'alba.

10 Voglio dormire un attimo,
un attimo, un minuto, un secolo;
ma sappiano tutti che non sono morto;
che ho una stalla d'oro tra le labbra;
che sono il piccolo amico dello Zefiro;[1]
15 che sono l'ombra immensa delle mie lacrime.

Nascondimi all'aurora con un velo
perché mi lancerà manciate di formiche,
e bagna con acqua dura le mie scarpe
per far scivolare la pinza del suo scorpione.

20 Perché voglio dormire il sonno delle mele
per imparare un pianto che mi lavi via la terra;
perché voglio vivere con quel bambino oscuro
che voleva tagliarsi il cuore in alto mare.

GACELA X
DELLA FUGA

Mi sono perso molte volte in mare
con l'orecchio pieno di fiori appena colti,
con la lingua piena d'amore e d'agonia.
Molte volte mi sono perso in mare,
5 come mi perdo nel cuore di alcuni bambini.

---

[1] Zefiro: figlio dell'Aurora, personificazione del vento dell'Ovest, dolce, tiepido e primaverile.

No hay nadie que, al dar un beso,
no sienta la sonrisa de la gente sin rostro,
ni hay nadie que, al tocar un recién nacido,
olvide las inmóviles calaveras de caballo.

10 Porque las rosas buscan en la frente
un duro paisaje de hueso
y las manos del hombre no tienen más sentido
que imitar a las raíces bajo tierra.

Como me pierdo en el corazón de algunos niños,
15 me he perdido muchas veces por el mar.
Ignorante del agua, voy buscando
una muerte de luz que me consuma.

Non c'è nessuno che, nel dare un bacio,
non senta il sorriso di gente senza volto,
né c'è nessuno che, al contatto di un neonato,
dimentichi gli immobili teschi di cavallo.

10 Perché le rose sulla fronte cercano
un duro paesaggio di osso
e le mani dell'uomo non hanno altro senso
che imitare le radici sotto terra.

Come mi perdo nel cuore di alcuni bambini,
15 mi sono perso molte volte in mare.
Ignorante dell'acqua, vado in cerca
di una morte di luce che mi consumi.

CASIDAS

CASIDA PRIMERA
DEL HERIDO POR EL AGUA

Quiero bajar al pozo,
quiero subir los muros de Granada,
para mirar el corazón pasado
por el punzón oscuro de las aguas.

5 El niño herido gemía
con una corona de escarcha.
Estanques, aljibes y fuentes
levantaban al aire sus espadas.
¡Ay qué furia de amor, qué hiriente filo,
10 qué nocturno rumor, qué muerte blanca!
¡Qué desiertos de luz iban hundiendo
los arenales de la madrugada!
El niño estaba solo
con la ciudad dormida en la garganta.
15 Un surtidor que viene de los sueños
lo defiende del hambre de las algas.
El niño y su agonía, frente a frente,
eran dos verdes lluvias enlazadas.
El niño se tendía por la tierra
20 y su agonía se curvaba.

Quiero bajar al pozo,
quiero morir mi muerte a bocanadas,
quiero llenar mi corazón de musgo,
para ver al herido por el agua.

CASIDAS

CASIDA PRIMA
DEL FERITO DALL'ACQUA

Voglio scendere al pozzo,
voglio scalare le mura di Granada,
per osservare il cuore trapassato
dal punteruolo oscuro delle acque.

5 Gemeva il bambino ferito
con una corona di brina.
Stagni, cisterne e fonti
al vento sollevavano le spade.
Ah che furia d'amore, che filo tagliente,
10 che notturno brusio, che morte bianca!
Che deserti di luce sprofondavano
sotto gli arenili dell'alba!
Il bambino era solo,
con in gola la città addormentata.
15 Uno zampillo che viene dai sogni
lo difende dalla fame delle alghe.
Faccia a faccia, il bambino e l'agonia
erano due verdi piogge allacciate.
Il bambino si stendeva per terra
20 e la sua agonia si curvava.

Voglio scendere al pozzo,
voglio morire la mia morte a sorsate,
voglio colmare il mio cuore di muschio,
per vedere il ferito dall'acqua.

CASIDA II
DEL LLANTO

He cerrado mi balcón
porque no quiero oír el llanto,
pero por detrás de los grises muros
no se oye otra cosa quel el llanto.

5 Hay muy pocos ángeles que canten,
hay muy pocos perros que ladren,
mil violines caben en la palma de mi mano.

Pero el llanto es un perro inmenso,
el llanto es un ángel inmenso,
10 el llanto es un violín inmenso,
las lágrimas amordazan al viento,
y no se oye otra cosa que el llanto.

CASIDA IV
DE LA MUJER TENDIDA

Verte desnuda es recordar la Tierra,
la Tierra lisa, limpia de caballos.
La Tierra sin un junco, forma pura
cerrada al porvenir: confín de plata.

5 Verte desnuda es comprender el ansia
de la lluvia que busca débil talle,
o la fiebre del mar de inmenso rostro
sin encontrar la luz de su mejilla.

La sángre sonará por las alcobas
10 y vendrá con espadas fulgurantes,

288

CASIDA II
DEL PIANTO

Ho chiuso il mio balcone
perché non voglio sentire il pianto,
ma al di là dei muri grigi
altro non si sente che il pianto.

5 Pochi sono gli angeli che cantano,
pochi sono i cani che abbaiano,
mille violini hanno posto nel palmo della mia mano.

Ma il pianto è un cane immenso,
il pianto è un angelo immenso,
10 il pianto è un violino immenso,
le lacrime imbavagliano il vento,
e altro non si sente che il pianto.

CASIDA IV
DELLA DONNA DISTESA

Vederti nuda rievoca la Terra,
la Terra liscia, sgombra di cavalli.
La Terra senza un giunco, forma pura
chiusa al futuro: limite d'argento.

5 Vederti nuda è capire l'ansia
della pioggia che cerca esile vita,
la febbre del mare dall'immenso volto
che non trova la luce della guancia.

Il sangue, risuonando nelle alcove,
10 giungerà con le spade sfolgoranti,

pero tú no sabrás dónde se ocultan
el corazón de sapo o la violeta.

Tu vientre es una lucha de raíces,
tus labios son un alba sin contorno.
15 Bajo las rosas tibias de la cama
los muertos gimen esperando turno.

CASIDA VII
DE LA ROSA

La rosa
no buscaba la aurora:
casi eterna en su ramo,
buscaba otra cosa.

5 La rosa
no buscaba ni ciencia ni sombra:
confín de carne y sueño,
buscaba otra cosa.

La rosa
10 no buscaba la rosa:
inmóvil por el cielo,
buscaba otra cosa.

tu però non saprai dove si celano
il cuore di rospo o la violetta.

Il tuo ventre una lotta di radici,
alba senza contorno le tue labbra.
15 Sotto le rose tiepide del letto
i morti gemono aspettando il turno.

CASIDA VII
DELLA ROSA

La rosa
non cercava l'aurora:
quasi eterna sul ramo,
cercava un'altra cosa.

5 La rosa
non cercava scienza né ombra:
confine di carne e sogno,
cercava un'altra cosa.

La rosa
10 non cercava la rosa:
immobile nel cielo,
cercava un'altra cosa.

CASIDA IX
DE LAS PALOMAS OSCURAS

Por las ramas del laurel
vi dos palomas oscuras.
La una era el sol,
la otra la luna.
5 Vecinitas, les dije,
¿dónde está mi sepultura?
En mi cola, dijo el sol.
En mi garganta, dijo la luna.
Y yo que estaba caminando
10 con la tierra por la cintura
vi dos águilas de nieve
y una muchacha desnuda.
La una era la otra
y la muchacha era ninguna.
15 Aguilitas, les dije,
¿dónde está mi sepultura?
En mi cola, dijo el sol.
En mi garganta, dijo la luna.
Por las ramas del laurel
20 vi dos palomas desnudas.
La una era la otra
y las dos eran ninguna.

CASIDA IX
DELLE COLOMBE OSCURE

Fra i rami dell'alloro
vidi due colombe oscure.
L'una era il sole,
l'altra la luna.
5 Vicine care, dissi,
dov'è la mia sepoltura?
Nella mia coda, disse il sole.
Nella mia gola, disse la luna.
E io che stavo camminando
10 con la terra alla cintura
vidi due aquile di neve
e una ragazza nuda.
L'una era l'altra
e la ragazza nessuna.
15 Aquile care, dissi,
dov'è la mia sepoltura?
Nella mia coda, disse il sole.
Nella mia gola, disse la luna.
Fra i rami dell'alloro
20 vidi due colombe nude.
L'una era l'altra
ed entrambe nessuna.

SONETTI[1]

SONETOS

TRADUZIONE E NOTE
DI LORENZO BLINI

[1] I quattro ultimi sonetti qui inclusi appartengono a un *corpus* di componimenti di ispirazione amorosa, attribuiti agli anni 1935-36. Destinatario dei sonetti è Rafael Rodríguez Rapún, segretario del gruppo teatrale La Barraca, morto a Bilbao combattendo per la Repubblica, il quale ne possedeva una copia manoscritta, purtroppo distrutta dai bombardamenti della guerra civile.

È noto, grazie alle dichiarazioni di Lorca e alle testimonianze dei suoi amici, che poco prima del suo assassinio il poeta stava lavorando al progetto di un libro di sonetti. Tuttavia, non è chiaro se la raccolta avrebbe dovuto comprendere un *corpus* composto di sonetti lorchiani oppure soltanto i sonetti amatori. Alla prima ipotesi allude Luis Rosales, che riferisce del progetto di un libro intitolato *Giardino di sonetti*, mentre della seconda fanno fede le testimonianze, verbali e scritte, di Cernuda, Guillén, Neruda, Martínez Nadal, Alberti e altri. In entrambi i casi sembra comunque certo che Lorca fosse solito riferirsi ai suoi sonetti d'amore chiamandoli *Sonetti dell'amore oscuro*.

La traduzione si basa sui testi pubblicati da Miguel García-Posada nel supplemento culturale del quotidiano «ABC» del 17 marzo 1984.

SONETO

El viento explora cautelosamente
qué viejo tronco tenderá mañana.
El viento: con la luna en su alta frente
escrito por el pájaro y la rama.

5 El cielo se colora lentamente,
una estrella se muere en la ventana,
y en las sombras tendidas del Naciente
luchan mi corazón y su manzana.

El viento como arcángel sin historia
10 tendrá sobre el gran álamo que espía,
después de largo acecho, la victoria,

mientras mi corazón, en la luz fría
frente al vago espejismo de la Gloria,
lucha sin descifrar el alma mía.

SONETO

Largo espectro de plata conmovida,
el viento de la noche suspirando

SONETTO[1]

Il vento esplora molto cautamente
che vecchio tronco stenderà domani.
Il vento: con la luna sull'alta fronte,
ha segni scritti da uccelli e da rami.

5 Il cielo si colora lentamente,
una stella si spegne alla finestra,
e nelle ombre allungate dell'Oriente
combattono il mio cuore e la sua mela.

Come un arcangelo estraneo alla storia
10 il vento avrà alla fine la vittoria
sul grande pioppo che egli a lungo spia,

e di fronte al miraggio della Gloria
lotta il mio cuore nella luce rigida
ma quest'anima mia non la decifra.

SONETTO

Lungo spettro d'argento impietosito,
il vento della notte sospirante

---

[1] Datato nel manoscritto agosto 1923.

abrió con mano gris mi vieja herida
y se alejó; yo estaba deseando.

5 Llaga de amor que me dará la vida
perpetua sangre y pura luz brotando.
Grieta en que Filomela enmudecida
tendrá bosque, dolor y nido blando.

¡Ay qué dulce rumor en mi cabeza!
10 Me tenderé junto a la flor sencilla
donde flota sin alma tu belleza.

Y el agua errante se pondrá amarilla,
mientras corre mi sangre en la maleza
olorosa y mojada de la orilla.

ADÁN
A Pablo Neruda, rodeado de fantasmas

Arbol de sangre moja la mañana
por donde gime la recién parida.
Su voz deja cristales en la herida
y un gráfico de hueso en la ventana.

5 Mientras la luz que viene fija y gana
blancas metas de fábula que olvida

---

¹ Datato nel manoscritto 1° dicembre 1929. Come il sonetto «[So che sarà tranquillo il mio profilo]» viene spesso incluso fra i testi complementari della raccolta *Poeta a New York*.
² La dedica appartiene alla pubblicazione del sonetto sulla rivista «Poesía» di Buenos Aires nel novembre 1933. Dopo un primo fugace incontro nel 1924, Lorca conobbe Pablo Neruda, pseudonimo di Ricardo Eliecer Neftalí Reyes

la vecchia piaga aprì con mano grigia
e se ne andò, lasciandomi anelante.

5 Piaga d'amore, mi darà la vita
versando luce pura e sangue eterno.
Crepa in cui Filomela ammutolita
avrà bosco, dolore e un nido tenero.

Ah, che dolce brusio nella mia testa!
10 Mi allungherò vicino al fiore semplice;
la tua bellezza ondeggia lì senz'anima.

E gialla diverrà l'acqua raminga,
mentre scorre il mio sangue nella macchia
odorosa e bagnata della riva.

ADAMO[1]
A Pablo Neruda,[2] circondato da fantasmi

Un albero di sangue bagna l'alba
dove suona il lamento della puerpera.
La voce lascia vetri nella piaga,
lascia un grafico di ossa alla finestra.

5 Mentre il giorno che arriva fissa e vince
bianche mete di fiaba che dimentica

(1904-1973), uno dei maggiori esponenti della poesia d'avanguardia ispanoameri-
cana, nella capitale argentina, dove era console del Cile. Neruda aveva pubblicato la prima edizione di *Residencia en la tierra* (*Residenza nella terra*), una
raccolta piena di «mistero e dolori», secondo lo stesso Neruda. La seconda
edizione del libro, pubblicata a Madrid nel 1935, contiene un'«Ode a Federico
García Lorca».

el tumulto de venas en la huida
hacia el turbio frescor de la manzana.

Adán sueña en la fiebre de la arcilla
10 un niño que se acerca galopando
por el doble latir de su mejilla.

Pero otro Adán oscuro está soñando
neutra luna de piedra sin semilla
donde el niño de luz se irá quemando.

[YO SÉ QUE MI PERFIL SERÁ TRANQUILO]

Yo sé que mi perfil será tranquilo
en el musgo de un norte sin reflejo.
Mercurio de vigilia, casto espejo
donde se quiebre el pulso de mi estilo.

5 Que si la yedra y el frescor del hilo
fue la norma del cuerpo que yo dejo,
mi perfil en la arena será un viejo
silencio sin rubor de cocodrilo.

Y aunque nunca tendrá sabor de llama
10 mi lengua de palomas ateridas,
sino desierto gusto de retama,

libre signo de normas oprimidas
seré en el cuello de la yerta rama
y en el sinfín de dalias doloridas.

il tumulto di vene fuggitive
verso il cupo frescore della mela.

Nella febbre del fango Adamo sogna
10   un bimbo avvicinarsi galoppando
nel doppio palpitare della gota.

Ma un altro Adamo oscuro sta sognando
neutra luna di pietra non feconda
dove il bimbo di luce verrà arso.

[SO CHE SARÀ TRANQUILLO IL MIO PROFILO][1]

So che sarà tranquillo il mio profilo
dentro il muschio di un nord senza riflesso.
Mercurio della veglia, casto specchio
dove si spezzi il polso del mio stile.

5   Se l'edera e il frescore del lino
fu la norma del corpo che io smetto,
nella sabbia il profilo sarà un vecchio
silenzio senza ahimè da coccodrillo.

E anche se mai sapore avrà di fiamma
10   la lingua di colombe intirizzite,
ma un gusto di ginestra desolato,

sciolto segno da regole asservite
sarò nel collo rigido del ramo
e nell'infinità di dalie afflitte.

[1] Datato nel manoscritto New York dicembre 1929.

SONETO DE LA DULCE QUEJA

Tengo miedo a perder la maravilla
de tus ojos de estatua, y el acento
que de noche me pone en la mejilla
la solitaria rosa de tu aliento.

5 Tengo pena de ser en esta orilla
tronco sin ramas; y lo que más siento
es no tener la flor, pulpa o arcilla,
para el gusano de mi sufrimiento.

Si tú eres el tesoro oculto mío,
10 si eres mi cruz y mi dolor mojado,
si soy el perro de tu señorío,

no me dejes perder lo que he ganado
y decora las aguas de tu río
con hojas de mi otoño enajenado.

SONETO DE LA CARTA

Amor de mis entrañas, viva muerte,
en vano espero tu palabra escrita
y pienso, con la flor que se marchita,
que si vivo sin mí quiero perderte.

5 El aire es inmortal. La piedra inerte
ni conoce la sombra ni la evita.

SONETTO DEL DOLCE LAMENTO[1]

Ho paura di perdere il prodigio
dei tuoi occhi di statua, e quella nota
che di notte depone sul mio viso
il tuo respiro, solitaria rosa.

5 Ho dolore a vedermi in questa sponda
albero senza rami: e più mi angoscia
non possedere fiore, polpa o argilla,
da dare al verme della mia agonia.

Se tu sei il mio nascosto tesoro,
10 se mi sei croce e spasimo bagnato,
se sono il cane e tu sei il mio signore,

non mi togliere ciò che ho conquistato
e le acque del tuo fiume siano adorne
di foglie del mio autunno stralunato.

SONETTO DELLA LETTERA[2]

Amore sviscerato, viva morte,
la tua parola scritta invano attendo
e penso, mentre sta appassendo il fiore,
se vivo senza me ti voglio perdere.[3]

5 Il vento è immortale. Non conosce
la pietra inerte l'ombra e non la sfugge.

[1] Pubblicato da Julio Gómez de la Serna in «Cancionero», n. 1, Valladolid 1943.
[2] Pubblicato in *Federico García Lorca (1899-1936)*, numero speciale della «Revista Hispánica Moderna», New York 1940, con il titolo «El poeta pide a su amor que le escriba» (Il poeta chiede al suo amore di scrivergli).
[3] Il verso allude a una poesia di Teresa d'Ávila, ma ne altera il senso.

Corazón interior no necesita
la miel helada que la luna vierte.

Pero yo te sufrí. Rasgué mis venas,
10 tigre y paloma, sobre tu cintura
en duelo de mordiscos y azucenas.

Llena, pues, de palabras mi locura
o déjame vivir en mi serena
noche del alma para siempre oscura.

EL POETA HABLA POR TELÉFONO CON EL AMOR

Tu voz regó la duna de mi pecho
en la dulce cabina de madera.
Por el sur de mis pies fue primavera
y al norte de mi frente flor de helecho.

5 Pino de luz por el espacio estrecho
cantó sin alborada y sementera
y mi llanto prendió por vez primera
coronas de esperanza por el techo.

Dulce y lejana voz por mí vertida.
10 Dulce y lejana voz por mí gustada.
Lejana y dulce voz amortecida.

Lejana como oscura corza herida.
Dulce como un sollozo en la nevada.
¡Lejana y dulce en tuétano metida!

Non ha bisogno l'intimo del cuore
del miele freddo sparso dalla luna.

Ma io soffersi. Mi straziai le vene,
10 tigre e colomba, sulla tua cintura
in un duello di morsi e di asfodeli.

Riempi ora di parole il mio delirio
o fa' che viva nella mia serena
notte d'anima eternamente oscura.[1]

IL POETA PARLA AL TELEFONO CON L'AMORE

Ha irrigato la duna del mio petto
nella dolce cabina la tua voce.
È stata primavera a sud dei piedi
e fior di felce a nord della mia fronte.

5 Pino di luce nello spazio stretto
ha cantato senz'alba né sementi
e per la prima volta il mio lamento
corone di speranza ha appeso al tetto.

Dolce e lontana voce che hai versata.
10 Dolce e lontana voce che ho gradita.
Lontana e dolce voce tua smorzata.

Lontana cerva oscura che è ferita.
Dolce singulto nella nevicata.
Lontana e dolce nel midollo infissa!

[1] Versi 13-14: allusione a una delle immagini fondamentali di Giovanni della Croce, presente anche in una delle poesie del mistico spagnolo. Lorca ne modifica l'originaria connotazione positiva.

EL AMOR DUERME EN EL PECHO DEL POETA

Tú nunca entenderás lo que te quiero
porque duermes en mí y estás dormido.
Yo te oculto llorando, perseguido
por una voz de penetrante acero.

5 Norma que agita igual carne y lucero
traspasa ya mi pecho dolorido
y las turbias palabras han mordido
las alas de tu espíritu severo.

Grupo de gente salta en los jardines
10 esperando tu cuerpo y mi agonía
en caballos de luz y verdes crines.

Pero sigue durmiendo, vida mía.
¡Oye mi sangre rota en los violines!
¡Mira que nos acechan todavía!

L'AMORE DORME SUL PETTO DEL POETA[1]

Tu mai potrai capire quanto ti amo
perché in me dormi e resti addormentato.
Io ti nascondo in lacrime, braccato
da una voce di penetrante acciaio.

5 Norma che scuote insieme carne e stella
trapassa già il mio petto addolorato
e le fosche parole hanno addentato
le ali della tua anima severa.

Gruppo di gente salta nei giardini
10 e attende il corpo tuo, la mia agonia
su cavalli di luce e verdi crini.

Ma continua a dormire, vita mia.
Senti il mio sangue rotto nei violini!
Attento, ché c'è ancora chi ci spia!

---

[1] Il titolo del sonetto si presta a una doppia lettura: *en el pecho* può infatti essere interpretato come «sul petto», ma anche come «nel petto». Questa ambiguità trova riscontro nella doppia valenza di *en mí* del verso 2, parafrasabile come «perché dormi dentro di me e su di me resti addormentato».

SOMMARIO

COMPIANTO PER IGNAZIO SÁNCHEZ MEJÍAS
1935

DIVÁN DEL TAMARIT 1940

Gacelas:

Casidas:

SONETTI

Finito di stampare nel luglio 2008 presso
il Nuovo Istituto Italiano d'Arti Grafiche - Bergamo
Printed in Italy